ABY WARBURG
(1866–1929)

JÜDISCHE MINIATUREN
Herausgegeben von Hermann Simon

Band 182 ABY WARBURG

Alle »Jüdische Miniaturen« sind auch im Abonnement beim Verlag erhältlich.

Die Deutsche Nationalbibliothek verzeichnet diese Publikation in der Deutschen Nationalbibliografie; detaillierte Daten sind im Internet über https://portal.dnb.de/ abrufbar.

Inh. Dr. Nora Pester
Wilhelmstraße 118, 10963 Berlin
info@hentrichhentrich.de
http://www.hentrichhentrich.de

Lektorat: Constanze Thielen
Satz: Barbara Nicol
Gesamtherstellung: Thomas Schneider, Jesewitz
Druck: Winterwork, Borsdorf

1. Auflage 2017

Printed in Germany
ISBN 978-3-95565-148-0

PETER THEISS-ABENDROTH, NICOLAS BOCK

ABY WARBURG

DER BILDERDENKER

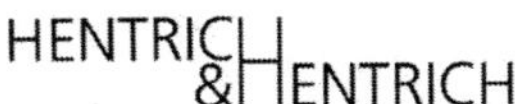

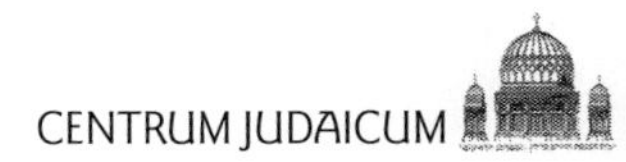

Umschlag vorn:
Aby Warburg in Rom, Palace Hotel, 1929

Inhalt

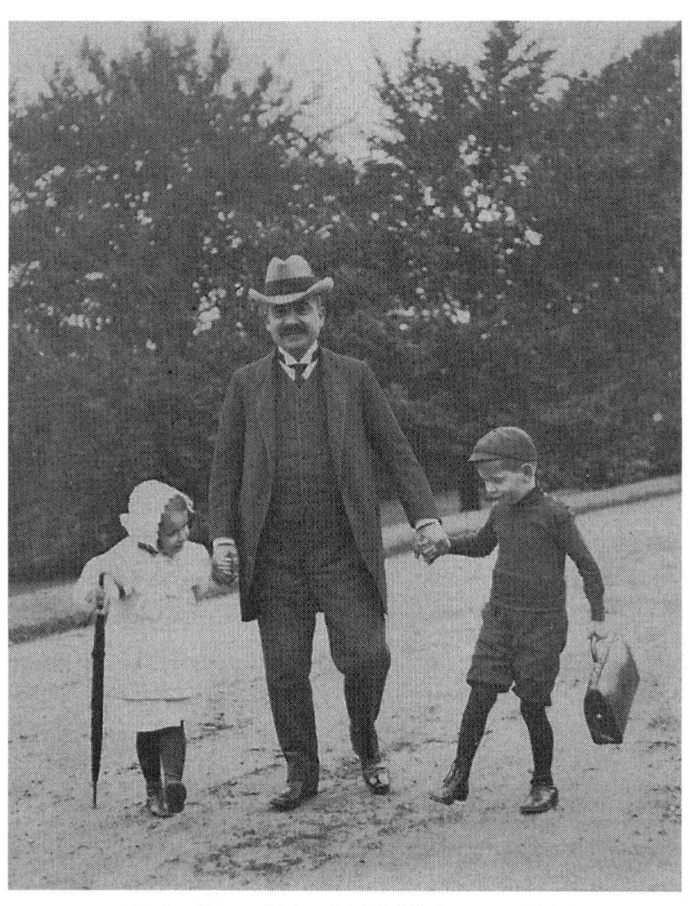

Frede, Aby und Max Adolph Warburg, ca. 1907

Einleitung

Der Anspruch, der komplexen Persönlichkeit Aby Warburgs (1866–1929) gerecht zu werden, rief gleich zwei Autoren auf den Plan: einen Psychoanalytiker und einen Kunsthistoriker. Denn zum einen gilt Warburg als ein bedeutender Kunst- und Kulturwissenschaftler und Begründer der Ikonologie, also der Lehre vom Bild und seiner (Be-)Deutung, wobei er die Grenzen einer definierten Fachdisziplin stets weit hinter sich ließ. Zum anderen war er auch ein außergewöhnlicher Kranker, der fünf Jahre seines Lebens in verschiedenen psychiatrischen Kliniken verbrachte, um dann – zur Überraschung seiner Ärzte – doch noch zu gesunden, ein Erfolg, an dem er selbst einen enormen Anteil hatte.

Damit zeigt Aby Warburg uns nicht nur einen schillernden und schwer auszumessenden intellektuellen Horizont auf, sondern verweist auch auf Möglichkeiten des Menschseins, die Bewunderung abverlangen, wie sie zugleich Entsetzen auslösen. Aus diesem Grund haben wir einen breiten Ansatz gewählt, der gleichermaßen psychologischen wie historischen Aspekten Rechnung trägt und zahlreichen anderen Autoren verpflichtet ist, die sich intensiv mit dem Phänomen Warburg auseinandergesetzt haben; unter ihnen ragt der Kunsthistoriker und Philosoph Georges

Didi-Huberman zweifellos heraus.[1] Er verzichtet auf eine kategoriale Festlegung Warburgs und beschreibt ihn als »Phantom« oder »Dibbuk«[2] im kulturwissenschaftlichen Denken der Gegenwart. Die besondere Offenheit von Warburgs Denken hat auch dazu geführt, dass er leicht Gegenstand von Versuchen der intellektuellen Inbesitznahme wurde: Didi-Huberman zählt eine lange Liste theoretischer Ansätze auf, als deren »Schutzgeist« Warburg angerufen worden sei: u.a. der Mentalitätsgeschichte, des Antiformalismus oder einer retromodernen Postmoderne.[3] Diese Aufzählung lässt sich um manche Blüte erweitern, etwa seine Anrufung durch »die feministische Kritik an Wissenschaft und phallogozentristischer Logik«[4]. Wir möchten uns einem Vorschlag anschließen, der die Breite von Warburgs Denkens bewahrt und zugleich seine ihm eigentümliche Konzentration auf das Bildhafte wiedergibt. So greifen wir gerne auf seine Bezeichnung als die eines bildanthropologischen Kulturhistorikers bzw. eines pictorialen Anthropologen zurück.[5]

Lange Zeit galt die umfangreiche Biographie Ernst Gombrichs als Standardwerk zu Warburgs Leben.[6] Doch inzwischen hat sie viel Kritik erfahren, die sich in dem Vorwurf zusammenfassen lässt, Gombrich, der Warburg selbst nicht mehr persönlich kennenlernte, habe gerade bei einem dem Subjektiven so stark verpflichteten Denker wie Warburg durch den im Untertitel »Eine intellektuelle Biographie« bereits anklingenden Objektivierungs- und Distanzierungsversuch das Wesentliche verfehlt.[7] Dabei war Gombrich sich dieser Schwäche wohl bewusst. Er verwies bereits damals auf die Bedeutung der noch unveröffentlichten Krankenaufzeichnungen Warburgs als noch zu hebenden Schatz originalen Quellenmaterials und skizzierte damit einen Ansatz zu einem anderen Verstehen der Person Warburgs.[8]

Schon kurz nach dem Zweiten Weltkrieg hatte Warburgs ehemaliger Schüler Carl Heise in seinen »Persönlichen Erinnerungen« einen anderen Ton angeschlagen und dabei Warburgs psychischer Erkrankung wie auch dem langjährigen Klinikaufenthalt ihren Ort eingeräumt.[9] Weitere biographische Unternehmungen unterschiedlicher Intention und Couleur folgten.[10] Sie alle stammen aus der Zeit vor der Veröffentlichung von umfangreichen Dokumentationen aus Warburgs Krankengeschichte, wie sie von seinen Ärzten und Pflegern verfasst worden waren, zusammen mit einigen Selbstbeobachtungen und autobiographischen Fragmenten – also hochbedeutsamen Dokumenten für das Verständnis seiner Person.[11] Sie vervollständigen unser Bild von ihm, das ohne Berücksichtigung seiner dunklen Zeiten bloß zweidimensional bliebe. Diese Bipolarität, nach der heutzutage auch die Erkrankung benannt wird, welche ihn vermutlich viele Jahre seines Lebens unerkannt begleitet hatte, war ihm durchaus bewusst. Ein Exzerpt aus dem von ihm geführten Tagebuch der Kulturwissenschaftlichen Bibliothek Warburg, aufgezeichnet wenige Monate vor seinem plötzlichen Tod, belegt nicht nur dieses Bewusstsein, sondern auch seinen gestaltungskräftigen Umgang mit den Möglichkeiten der deutschen Sprache: »Manchmal kommt es mir so vor, als ob ich als Psychohistoriker die Schizophrenie des Abendlandes aus dem Bildhaften in selbstbiographischem Reflex abzulesen versuche: die ekstatische Nymphe (manisch) einerseits und der trauernde Flußgott (depressiv) andrerseits als Pole, zwischen denen der treuformend Eindrucksempfindliche seinen tätigen Stil zu empfinden versucht. Das alte Contrasto-Spiel: vita activa und vita contemplativa.«[12]

Die Familie Warburg

Die Warburgs zählten zu den großen deutsch-jüdischen Familien und waren im Kern eine Bankiersfamilie. Über ihre Ursprünge im sephardischen (iberischen) Judentum wurde spekuliert; gesichert ist der Umzug ihres Vorfahrs Simon von Kassel 1559 in die westfälische Kleinstadt Warburg, wo bis heute noch ihr Stammhaus steht.[13] Auch wenn zu jener Zeit das mittelalterliche Zinsverbot der Kirche erste Lockerungen erfuhr, war es naheliegend, dass Simon, ausgestattet mit einem Schutzbrief des Paderborner Fürstbischofs, wie viele andere Juden als Geldwechsler und Pfandleiher zu arbeiten begann, zumal Juden vom Grunderwerb wie von der Ausübung eines Handwerks weitgehend ausgeschlossen waren. 1668 zog Simons Urenkel nach Altona, wodurch die Herkunftsbezeichnung aus Warburg zum Ersatz für den bis ins 19. Jahrhundert für Juden verbotenen Nachnamen wurde. Seit 1773 lebte der größte Teil der sich immer weiter verzweigenden Familie Warburg im bürgerlich-liberalen Hamburg, dessen von selbstbewussten Kaufleuten geprägte Kultur mit ihren internationalen Handelsbeziehungen den idealen Standort für das aus der Wechselstube hervorgehende Bankhaus M. M. Warburg & Co bildete.[14] Dabei eiferten die Warburgs offen den Frankfurter Rothschilds nach, deren Bankhaus im 19. Jahrhundert das weltweit größte war und mit denen vielfältige Beziehungen bestanden. Die Industrialisierung Deutschlands und die auf die Reichsgründung 1871 folgende wirtschaftliche Expansion verliehen auch dem Wachstum des Hauses Warburg eine enorme Dynamik.

Dazu trugen gezielte Eheschließungen mit anderen wohlhabenden jüdischen Familien Europas oder der USA bei. So heiratete Abys Vater Moritz Warburg

(1838–1910) im Jahr 1864 Charlotte Oppenheim (1842–1921), deren Vater Nathan nicht nur erfolgreicher Edelsteinhändler in Frankfurt, sondern auch ein polyglotter und gebildeter Kunstförderer war. Abys Mutter sollte in jeder Hinsicht eine zentrale Rolle spielen. Bestanden zwischen Moritz und seinem älteren Bruder Siegmund, mit dem er die Leitung der Bank teilen musste, schon Differenzen, so sollte die Konkurrenz zwischen den eingeheirateten Schwägerinnen den Konflikt zuspitzen. Abys Vater wird als umgänglicher, heiterer Musikliebhaber geschildert, vorsichtig in geschäftlichen Angelegenheiten, der sich gegen die Härte seines jähzornigen Bruders wenig durchsetzen konnte.[15] Abys Mutter, eine offenbar hochehrgeizige Person, kompensierte die vermeintliche Niederlage gegenüber der Schwägerin damit, dass ihre begabten fünf Söhne, allen voran der Erstgeborene Aby, ihre Cousins in den Schatten stellten. Von ihren Töchtern erwarteten diese mächtigen Mütter offenbar weniger. Schon Abys Großmutter väterlicherseits Sara (1803–1884), der Heine angeblich sein Gedicht »Ein Jüngling liebt ein Mädchen«[16] gewidmet hatte, war eine dominante Person gewesen, die nach dem Tod ihres Mannes von den Söhnen penible Rechenschaft über die Bankgeschäfte verlangte.

Trotz aller Unterschiedlichkeit teilten Abys Vater und sein Onkel jedoch ihre tiefe Verankerung in der jüdischen Orthodoxie.[17] Bei Aby und seinen Brüdern, aufgewachsen in hoffnungsvollen Zeiten der jüdischen Emanzipation, sollte dies heftige Gegenbewegungen auslösen. Die Spanne ihrer Generation lässt sich zutreffend mit der Wendung »Aufstieg und Fall« einer Familie zusammenfassen. Dabei war die eigentliche Zäsur bereits kurz vor Hitlers Machtergreifung eingetreten: Innerhalb weniger Tage Ende Oktober 1929 trafen der Zusammenbruch der New Yorker Börse wie auch der plötzliche Herztod Aby Warburgs zusammen. In der Folge stellte sich heraus, dass Max Warburg (1867–1946), der die Geschicke der Bank leitete, in seinen spekulativen Geschäften von einem unangebrachten Optimismus geleitet worden war. Ohne massive Finanzspritzen aus dem amerikanischen Zweig der Familie wäre M. M. Warburg & Co während der folgenden Wirtschaftskrise wohl in den Konkurs gegangen.[18]

Aby Warburg kann als der schillerndste und brillanteste Vertreter dieser ungewöhnlichen Familie gelten, die über viele begabte Mitglieder verfügte. Allenfalls ein entfernter Verwandter von ihm, der Biochemiker Otto Warburg (1883–1970), Sohn eines getauften Juden und einer Christin, doppelter Nobelpreisträger der Medizin, vermag, – wenn auch auf einem gänzlichen anderen Feld – es mit ihm aufzunehmen.[19]

Kindheit und Jugend

Abraham Moritz Warburg, als Aby Warburg bekannt, wurde am 13. Juni 1866 in Hamburg als erstes von sieben Kindern geboren. Die Familie lebte einigermaßen abgeschottet von ihrer christlichen Umwelt, die vor allem in Form von Hausangestellten Zugang gewann. Dabei muss die Kinderfrau große emotionale Bedeutung besessen haben.[20] Einmal bezeichnete er sie als »protestantische Charitas«.[21] Während über die allerersten Lebensjahre nicht viel zu erfahren ist, markieren zwei schwere, nahezu tödlich verlaufende Typhuserkrankungen die Jahre 1873 und wahrscheinlich 1874: Erst wurde Aby selbst befallen, ein oder zwei Jahre später erkrankte die Mutter im Urlaub schwer. Beide Erlebnisse prägten ihn tief, indem sie ein Gefühl dauerhafter Bedrohung in seinem Leben hinterließen. Hierüber gibt er bemerkenswert offen Auskunft, wenn er beschreibt, wie er seine Typhuserkrankung erlebte: Zunächst betont er die Behandlung durch Eduard Cohen, eine Koryphäe der Medizin, der sich später auch Bismarck anvertrauen sollte, und schildert dann plastisch die von der Krankheit ausgelösten Wahrnehmungsveränderungen: »Von dieser Zeit her habe ich die Bilder der Fieberphantasie mit einer Deutlichkeit behalten, die mir sie wie gestern eingeprägt vorkommen lassen, mit Geruchsempfindungen verknüpft, die mich von da an unter einer qualvollen Überempfindlichkeit der Geruchsorgane leiden machten. (...) In dieser Zeit der Fieberphantasie hatte ich auch gespenstische Visionen von einem kleinen Wagen mit Pferden, der auf einer Fensterbank fuhr, ein Erinnerungsbild, wie ich später herausbekam, in einer Illustration eines Werkes von Balzac, das ich als ganz kleiner Junge immer wieder zu erhaschen suchte, ohne den Text zu verstehen. Aus dieser Zeit stammt die Furcht, die durch unproportioniert zusammenhangslose Bilderinnerungen oder Sinnesreize der Geruchs- oder Gehörorgane hervorgerufen wurden, die Angst, die das Chaos hervorruft, der Versuch, intellektuell Ordnung in dieses Chaos zu bringen – ein Versuch, der ja als der tragische Kindheitsversuch des denkenden Menschen überhaupt bezeichnet werden kann – begangen also sehr früh und viel zu früh für meine nervöse Konstitution.«[22]

Verschiedene Aspekte dieser Selbstauskunft verdienen Beachtung. So erscheint Warburg als präziser Beobachter seiner selbst, sich seiner bleibenden Offenheit gegenüber den verschiedensten Reizen und einer daraus resultierenden Ängstlichkeit bewusst. Gleichzeitig ist er auch Analytiker der *conditio humana*, die ihm als ein Ringen um Ordnung im Chaos erscheint. Sein lebensbestimmendes Projekt einer Bildwissenschaft scheint hier, im frühen Kampf gegen eine Überflutung durch innere und äußere Bilder, bereits angelegt. Und schließlich verlangt der Hinweis auf die Quelle seiner »zusammenhangslosen Bilderinnerungen« genauere Untersuchung. Nicht zufällig handelt es sich dabei um das Buch »Kleine Leiden des Ehestandes« (»Petites misères de la vie conjugale«, auch als »Kleine Nöte des Ehelebens« übersetzt) von Honoré de Balzac, 1830 erstveröffentlicht und von Bertall illustriert.[23] Denn nur einen Absatz später berichtet Warburg, wie früh und intensiv er bereits vor seiner Einschulung gelesen habe. So erscheint es naheliegend, nicht nur in den Bebilderungen, sondern auch im Text selber die Quelle seines Schreckens zu suchen.[24] Dieser beschreibt wortreich die Ehe als ein Inferno, vor allem aus Sicht des Mannes, und die Hinweise, dass Aby in der Ehe seiner Eltern wenig Nachahmenswertes finden sollte, sind überdeutlich. Zudem enthalten die »Kleinen Leiden« ein Kapitel »Die Logik der Frauen«, in welchem der sechsjährige Sohn der Eheleute in deren Konflikt hineingezogen wird: Während die Mutter ihn gegen den Vater instrumentalisiert, will dieser ihn in unverhohlener Feindseligkeit loswerden und in ein Pensionat schicken. Genug Grund für Aby, sich zu fürchten. Aus gutem Grund behauptete er in seiner Erinnerung, den Text nicht verstanden zu haben.

Nur ein oder zwei Jahre später erkrankte die Mutter offenbar noch schwerer an derselben Infektion während eines Sommerurlaubs im österreichischen Ischl. In einem weiteren Text aus seiner Klinikzeit von 1923 erzählt Aby Warburg von seiner Verzweiflung in jener Zeit und seinen Versuchen, Trost an zwei ganz unterschiedlichen Orten zu finden: in einem Delikatessenladen, wo sie erstmals in seinem Leben »unvorschriftsmässige Wurst zu essen bekamen«, und in einer Leihbibliothek, »die voll war von Indianer Romanen«.[25] Hierin und vor allem wohl in der Identifikation mit dem Stereotyp indianischer Tapferkeit fand er einen Weg, die Ängste vor einem alles bedrohenden Verlust in den Griff zu bekommen. Die Mutter überlebte, und so auch das Motiv indianischer Angstabwehr, ganz besonders im assoziativen Zusammenhang mit der Bedrohung durch Infektionskrankheiten: Eine Reise in die USA 1895/96 erweiterte er um den Besuch indigener Stämme in New Mexico und Arizona. Hierüber 1923 zu berichten, stellte den Wendepunkt während seiner schweren psychotischen Krise dar.[26] Zu seiner Motivation schreibt er: »Der Wille zum Romantischen trat hinzu zum Willen, mich etwas mannhafter zu betätigen als es mir bisher vergönnt war. Es wirkte der Aerger und die Scham immer noch nach, dass ich in der Cholera Zeit nicht wie mein Bruder und die Familie meiner lieben Frau in Hamburg durchgehalten hatte.«[27]

Über die Beziehung zu den Eltern, vor allem zum Vater, ist wenig zu erfahren. Von der Mutter liefert allerdings ein Brief aus dem Jahr 1876, in dem sie aus dem Urlaub heraus die Hausaufgaben ihres daheimgebliebenen Sohnes minutiös korrigiert und ihn zudem für die Verwendung teuren Briefpapiers tadelt, das Bild einer kritischen und fordernden Person.[28] Wohl sie hat dafür gesorgt, dass Aby zweimal ein halbes Schuljahr übersprang, um das durch die Typhuserkrankung verlorene Schuljahr wieder aufzuholen. Er beklagt sehr, von der mehrfachen Integration in neue Klassengemeinschaften überfordert gewesen zu sein, und berichtet davon, nach dem 12. Lebensjahr aus diesem Grund »trübsinnig« geworden zu sein und von dem Gedanken besessen, an Tollwut erkrankt zu sein und sterben zu müssen.[29] Nach wochenlanger Qual vertraute er sich schließlich dem Kindermädchen an, woraufhin der oben erwähnte Dr. Cohen ihn krankschrieb, mit dem damals üblichen Beruhigungsmittel Brom behandelte und in die darunterliegende Klassenstufe zurückversetzen ließ.[30] Aby besuchte den Real-Zweig des renommierten, aus dem Johanniskloster hervorgegangenen Johanneums, wo die naturwissenschaftlichen Fächer stark betont wurden. Auch wenn er mit Chemie und Mathematik Schwierigkeiten gehabt haben soll, prägte ihn der Kontakt mit den Darwin'schen Lehren tief. Zeit seines Lebens sollte sein Denken von den damals hochaktuellen evolutionistischen Ideen beeinflusst bleiben.[31] Zudem entfremdete ihn diese naturwissenschaftliche Erziehung von dem streng orthodoxen Glauben seiner Eltern. Ironischerweise verlängerte sich seine Schulzeit sogar über die Regelzeit hinaus bis zum zweiten Abiturexamen 1886, weil er gegen den Widerstand seiner Familie beschloss, Kunstgeschichte und Archäologie zu studieren. Die hierzu erforderlichen Griechischkenntnisse eignete er sich unter erheblichen Anstrengungen in relativ kurzer Zeit auf dem humanistischen Zweig an.[32]

Diese geisteswissenschaftliche Orientierung hatte sich schon früh abgezeichnet. In einer viel zitierten Passage berichtete der nächstjüngere Bruder Max anlässlich einer Gedenkfeier kurz nach Abys Tod, wie dieser ihm sein Erstgeborenenrecht verkaufte, als Aby 13, Max 12 Jahre alt war. Der Preis war die Zusage, ihm immer alle Bücher zu kaufen, die er haben wollte. »Ahnungslos« gab er seinem Bruder einen »sehr großen Blankokredit«.[33] Max erinnerte sich an seinen Bruder als »übertriebenen Leser« mit einer Abneigung gegen Sport. »Aby hat alle unerlaubten Bücher gelesen, der Schrank war zwar abgeschlossen; als er den Schlüssel fand, las er viel unverdaute Ware.«[34] Für die Großmutter Sara wäre er mit seinen Neigungen und Talenten am besten in der Position eines Rabbi-

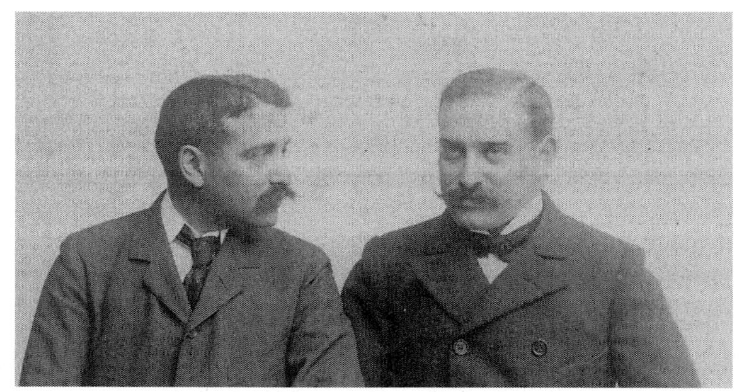

Aby und Max Warburg, ca. 1895

ners aufgehoben gewesen, doch hier wie an vielen anderen Stellen seines Lebens setzte Aby sich mit seinen Vorstellungen durch.

Der werdende Intellektuelle

Zum Zeitpunkt von Warburgs Abitur war die Hamburger Universität noch 33 Jahre von ihrer Gründung im Jahr 1919 entfernt, an der Aby und Max Warburg wichtigen Anteil haben sollten. So stand außer Zweifel, dass Aby die Stadt würde verlassen müssen. Noch 1886 immatrikulierte er sich für Kunstgeschichte, Geschichte und Archäologie an der Universität Bonn, wo er sehr günstige Studienbedingungen antraf. Aus seinen Briefen an die Eltern spricht ein selbstbewusster junger Mann, der die Distanz zu seinem Elternhaus genießt und in die neugewonnene Freiheit hineinwächst.[35] Dazu gehörten Wirtshausbesuche und Karnevalsscherze, aber auch wachsender Widerstand gegen die Orthodoxie seines Elternhauses. Von großer Bedeutung ist seine Auflehnung gegen die jüdischen Speisevorschriften, da er keinen schmackhaften koscheren Mittagstisch in Bonn gefunden habe und zu einem Wechsel des Studienortes, wie vom Vater aus diesem Grund verlangt, nicht bereit war.[36] Dennoch sucht er einen ausgleichenden Tonfall, vor allem gegenüber der Mutter, und vermag es, ihr auch immer wieder erhebliche Geldsummen für seinen Lebensunterhalt wie auch seine damals bereits im Kern angelegte Bibliothek zu entlocken.

Zugleich findet er kompetente Lehrer an der Universität und gerät unter den Einfluss eines breiten kulturpsychologischen Verständnisses von Kunst. Vor allem auf seinen frühen Lehrer Karl Lamprecht (1856–1915) gehen der interdisziplinäre Ansatz und ein Verständnis von Kunstwerken als Belegen der »Bildungsgeschichte der Menschheit« zurück, die Warburgs Schaffen ein Leben lang auszeichnen sollten.[37] Dem Philologen und Archäologen Hermann Usener (1834–1905) verdankt Aby Warburg die Auffassung von

Angst als zentralem Motivator für einen evolutionspsychologisch aufgefassten Entwicklungsprozess der Menschheit, der sich in den Tiefenschichten einer Kultur und ihrer Sprache nachweisen lasse.[38] Überhaupt war der geisteswissenschaftliche Diskurs seiner Zeit stark von Vorstellungen geprägt, die naturwissenschaftliches Denken, insbesondere die Evolutionsbiologie Darwins, in seine Konzepte zu integrieren versuchten. Der italienische Anthropologe Tito Vignoli (1829–1914) hatte mit seiner Schrift »Mythus und Wissenschaft« (1879, deutsch 1880) großen Einfluss auf Warburgs Lehrer wie auch auf ihn selbst. Damit ging die Überzeugung einher, der zivilisatorische Prozess, dessen Dokumente die Kunstgeschichte studiere, sei von einer Fortschrittsdynamik geprägt, die auf eine Überwindung mythischen und ein Anwachsen rationalen Denkens abzielt, gelegentlichen Rückschlägen zum Trotz. Treffend beschreibt Ernst Gombrich Vignolis und damit auch Warburgs intellektuelles Programm: »Ebenso wie in der Natur bestehen auch auf jeder Stufe der Menschheitskultur älteste Formen immer neben den fortgeschrittensten, und es muß das Ziel des vernunftbegabten Menschen sein, diese Atavismen zu bekämpfen. Unter dieser Voraussetzung erscheint die Geschichte des Zivilisationsprozesses als ein Drama voller psychologischer Spannungen.«[39] Diese damals weit verbreiteten evolutionistischen Konzepte gingen selbstverständlich davon aus, dass die europäische Kultur der Gegenwart die Spitze eines globalen zivilisatorischen Prozesses darstelle, während sogenannte primitive Kulturen einen Blick auf die Frühzeit der eigenen Vergangenheit erlaubten. Sie prägten auch Sigmund Freuds (1856–1939) kulturtheoretische Schriften, was zu manch überraschenden terminologischen Parallelen zwischen ihm und Warburg beitrug.[40] Dazu unten mehr.

Die ersten zwei Studienjahre am Bonner Institut waren dabei wohl prägender als gemeinhin angenommen. Dies lag weniger an dem damaligen Ordinarius Carl Justi (1832–1912), dessen Bücher zu Velazquez (1888) und später Michelangelo (1900) zwar wichtige Meilensteine des Faches darstellen, deren biographischer, auf den Künstler als schöpferisches Individuum fixierter Ansatz Warburg aber nicht weiter berühren sollte. Es war vielmehr ein junger Lehrer, der frisch habilitierte Henry von Thode (1857–1920), der Warburgs Augen für das Weiterleben der Antike und ihrer Motive öffnen sollte. Wichtiger noch war eine allgemeine Erfahrung: Das Bonner Institut hatte sich unter Justis Vorgänger Anton Springer eben von der klassischen Archäologie abgespalten und war damit eines der ältesten eigenständigen Institute für Kunstgeschichte im Kaiserreich. Justi initiierte nun den Aufbau einer eigenen Seminarbibliothek und einer Abbildungssammlung aus Kupferstichen, zu deren Verwaltung auch die Studierenden hinzugezogen wurden. Warburg, der sich in seiner Eigenschaft als studentische Hilfskraft scherzhaft als »Seminarkupferstichcabinetsordnergehilfe«[41] bezeichnete, erlebte hier eine wahrhafte Gründerzeit der Wissenschaft, eine dynamische Erfahrung, die einen wichtigen Impuls für den Aufbau der eigenen Forschungsbibliothek darstellen sollte – für die er sich dann freilich der modernen Technik der Photographie bedienen sollte.

Ungeachtet seiner Zufriedenheit mit Bonn als Studienstandort ging Aby Warburg zum Sommersemester 1888 gemeinsam mit zwei Kommilitonen nach München, dessen »grobe Lebensfreudigkeit und bierselige Vertraulichkeit« ihm jedoch nicht gefielen.[42] Ganz anders jedoch der nächste Schritt, der ihn – erneut im Schlepptau eines befreundeten Kommilitonen – noch weiter nach Süden und an seinen künftigen Sehnsuchtsort führte: nach Florenz! Im Wintersemester 1888/89 unterrichtete der Breslauer Kunsthistoriker August Schmarsow (1853–1936) erstmalig ein ganzes Semester lang vor Ort, eine didaktische Neuerung, aus der später das zunächst privat geführte Deutsche Institut für Kunstgeschichte entstand. Schmarsows Bedeutung für Warburgs Entwicklung wurde lange Zeit unterschätzt. Entgegen dem an deutschen Hochschulen vorherrschenden Formalismus

betonte Schmarsow nämlich die Wichtigkeit der psychischen Konstitution des Menschen als Grundlage allen Kunstschaffens. Er machte Warburg mit einer für ihn typischen Methode bekannt, die das Interesse an Kunstwerken und historischen Fakten mit grundsätzlichen, philosophischen Überlegungen zu generellen Entwicklungsproblemen der Kunst verband – einer Herangehensweise also, die für Warburg später selber außerordentlich fruchtbar werden sollte. Entsprechend gekränkt reagierte Schmarsow, der sich wohl mit einigem Recht als Lehrer Warburgs fühlte, als jener später den eher historistisch orientierten Hubert Janitschek (1846–1893) in Straßburg als Doktorvater wählte: Eine böse Rezension von Warburgs Buch und ein grollender Brief waren die Folge.[43]
Zunächst war Aby begeistert von Florenz, zumal er dort nicht nur eine attraktive junge Künstlerin kennenlernte, sondern auch, vermutlich im Gespräch mit ihr, sein Dissertationsthema fand. Mary Hertz (1866–1934), Hamburger Senatorentochter, besuchte mit ihrem Vater Florenz, und Aby machte begeistert den Fremdenführer, eine Rolle, die er bei anderer Gelegenheit verachtete.[44] In der Folge begann er seine Dissertation über Botticelli (1445–1510), insbesondere dessen »Geburt der Venus« und den »Frühling«, vorzubereiten, worin er die Spannung zwischen dem individuellen künstlerischen Ausdruck und den Nor-

men seiner Zeit exemplarisch herausarbeitete. Er versuchte dabei eine an Darwin (1809–1882) orientierte Ausdruckspsychologie mit einem gattungsübergreifenden historischen Ansatz in Verbindung zu bringen und entwarf somit bereits weite Züge seines künftigen Forschungsprogramms.

Noch ein anderes Ereignis aus der Zeit seines Florentiner Semesters besaß ebenfalls eine hohe subjektive Bedeutung für Aby Warburg: Wieder schlug der Typhus zu, diesmal bei seinem Studienfreund, der nur mit knapper Not überlebte. Auch dies trug zu seinem Gefühl dauerhaften Bedrohtseins bei.

Zum Sommersemester 1889 nach Bonn zurückgekehrt, fand er in dem historisch-trockenen Justi wenig Verständnis für sein ehrgeiziges Dissertationsprojekt, so dass er für die nächsten zwei Jahre nach Straßburg ging, wo sich Hubert Janitschek bereiterklärte, die Rolle des Doktorvaters zu übernehmen. Janitscheks stark historisch orientierter wissenschaftlicher Ansatz unterschied sich zwar deutlich von Warburgs Ideen, doch teilten beide die Begeisterung für die italienische Renaissance. Erstmals konnte er die wichtigsten seiner Themen und Denkfiguren entwickeln, auch wenn diese oftmals noch nicht in der Terminologie erschienen, die später Warburgs eigene, charakteristische Prägungen sein sollten. Allerdings begegnete ihm hier in Straßburg, das ja erst seit knapp 20 Jahren wieder zum Deutschen Reich gehörte, auch zum ersten Mal in großer Heftigkeit ein ausgeprägter Antisemitismus sowohl in der Bevölkerung als auch unter Mitgliedern studentischer Burschenschaften. Dazu mag die Stellung Straßburgs als »Frontstadt« germanischen Geistes – die Stadt befand sich in einer Phase starker urbaner und kultureller Expansion – ebenso beigetragen haben wie auch das sich verändernde gesellschaftliche Klima. Die ideologische Aufrüstung eines zunehmend aggressiveren Antisemitismus kann teilweise vor dem Hintergrund einer nachlassenden Euphorie über die Reichsgründung und auch wachsender ökonomischer wie außenpolitischer Spannungen verstanden werden.

Im März 1892 schließt Aby Warburg dann sein Studium mit einem Kolloquium erfolgreich ab. Zu diesem Zeitpunkt hat er Straßburg eigentlich schon verlassen und besucht in Berlin – wohl als Gasthörer – Vorlesungen über Psychologie beim Pionier der experimentellen Gedächtnisforschung Hermann Ebbinghaus (1850–1909).[45] Bereits im Herbst geht die Dissertationsschrift in Druck. Eines der Exemplare sendet Aby dem greisen Jacob Burckhardt (1818–1897), der in einem seiner letzten Aufsätze Warburgs Arbeit zustimmend zitiert.

Jahre der Unzufriedenheit

Nach der Promotion ließ sich der Wehrdienst nicht länger aufschieben. Im November 1892 fand Aby sich bei einem Feldartillerieregiment in Karlsruhe ein, wo er mit der Welt militärischer Unterordnung konfrontiert wurde, wie sie im wilhelminischen Deutschland üblich war. Dass er sich besser zurechtfand, als man es bei einem sensiblen Intellektuellen erwarten würde, hing gewiss mit seinen Hoffnungen zusammen, über den Umweg des Wehrdienstes langfristig besser in die Gesellschaft des Kaiserreichs aufgenommen zu werden.

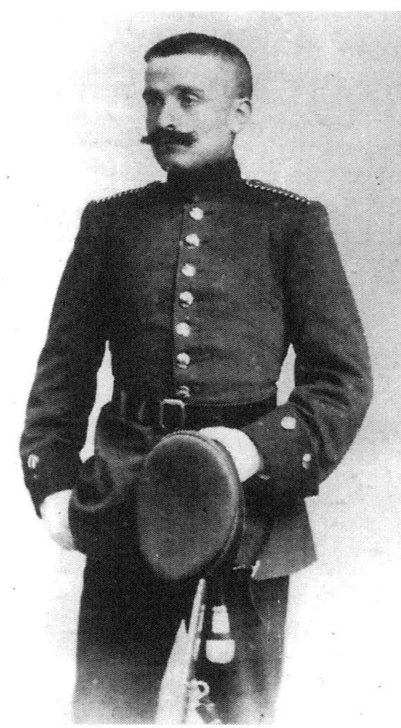

Aby Warburg beim Militär in Karlsruhe, 1893

Roeck arbeitete in seiner Studie zum jungen Aby Warburg treffend dessen Ambivalenzen zwischen den Welten heraus: die Scham über das eigene »orientalische« Aussehen und die entschiedene Abgrenzung von den osteuropäischen »Ghettojuden« einerseits, Spott für den bourgeoisen Kulturbürger andererseits: »Übermenschen in den Osterferien«.[46] Das Ethos der Pflichterfüllung versprach jedoch Verbindendes. So ist Abys Äußerung überliefert: »Es gibt zwischen dem preußischen Adel und uns, den alten Judenfamilien, eine unterirdische Verwandtschaft. Wir leben nicht, wie wir wollen, sondern wie wir sollen.«[47] Mit seiner inneren Ambivalenz korrespondiert auch das zwiespältige Ergebnis seiner einjährigen Offiziersausbildung. So wurde er zum Ende seiner Zeit zwar zum Unteroffizier befördert, zugleich jedoch von einer Laufbahn als Reserveoffizier ausgeschlossen.

Konkrete Aufgaben warteten auf den jungen Wissenschaftler nach seiner Entlassung aus der Artillerie im Herbst 1893 nicht. So wundert es wenig, dass seine Tagebucheinträge jener Jahre von einer längeren Phase ausgeprägter Mutlosigkeit berichten. Zunächst ging er für einige Zeit nach Florenz, um dort auf Burckhardts Spuren kleinere Untersuchungen zum Festwesen der Renaissance anzustellen. Dieses erschien ihm als ein Mittler zwischen Kunst und Leben und versprach daher Aufschlüsse über die Tradierung von Emotionen und künstlerischem Ausdruck.

Im September 1895 schiffte er sich mit Ziel New York ein, weil er dort als Gast bei der Hochzeit des drittältesten Warburg-Sohnes Paul (1868–1932) erwartet wurde, der dort in die Finanzaristokratie einheiratete. Zwar fand Aby in seinem Schwager James Loeb (1867–1933) einen Seelenverwandten, der allerdings anders als Aby innerhalb seiner Familie auf wenig Verständnis für seine archäologischen Interessen gestoßen und zur Arbeit in der Bank gezwungen worden war.[48] Auch Loeb sollte an schweren Depressionen leiden, und als er später nach dem Tod seiner Eltern frei über sein Geld verfügen konnte, verwandte er es wie die Warburgs als Stifter und Mäzen: Auf ihn geht die berühmte Serie von Editionen und Übersetzungen antiker Schriftsteller zurück, deren Ausgaben noch heute wesentlicher Bestandteil der antiken Philologie sind. James Loeb sollte in Abys Leben noch eine wichtige Rolle spielen. Seinen eigenen Worten zufolge abgestoßen von der »Leerheit der Zivilisation im östlichen Amerika«[49] machte Aby sich nach den Hochzeitsfeierlichkeiten zunächst nach Washington zur Smithsonian Institution auf, um schließlich den sogenannten Pueblo-Indianern, also indigenen Ethnien im Südwesten der USA, seinen später berühmt gewordenen Besuch in kulturpsychologischer Mission abzustatten. Seine Lehrer hatten ihn darauf vorbereitet, in der von Magie geprägten Welt »Primitiver« die kulturelle Funktion von Symbolbildungen in statu nascendi beobachten zu können, und seine Beobachtungen während ritueller Feierlichkeiten spielten eine Schlüsselrolle für ihn. Auf dem Weg notierte er am 27. Januar 1896 in Santa Fe resümierend: »Ich glaube, ich habe den Ausdruck für mein psychologisches Gesetz endlich gefunden.«[50] Von seiner neunmonatigen Amerikareise zurückgekehrt, hielt Aby zwar 1897 in Hamburg und Berlin einen Diavortrag über seine Reiseimpressionen.[51] Doch dann ließ er seine Aufzeichnungen bis zum unten erörterten Vortrag von 1923 liegen.

Immerhin hatte er den Mut gefunden, um die Hand seiner geliebten Mary Hertz anzuhalten, die aus einer alteingesessenen protestantischen Hamburger Familie stammte. Dieser Schritt traf bei beiden Familien auf erheblichen Widerstand. So bot Abys Vater Moritz ihm erst eine Verdoppelung der Unterhaltszahlungen an und bat ihn schließlich, wenigstens die Kinder im jüdischen Glauben zu erziehen.[52] Doch Aby weigerte sich standhaft, irgendeinen Kompromiss einzugehen, und löste sich mit seiner Eheschließung 1897 auch offiziell vom Judentum.[53] Zunächst musste dieser Konflikt für alle Beteiligten mit einer hohen emotionalen Belastung einhergegangen sein, doch offensichtlich entwickelten die Familien Warburg und Hertz im Laufe der Jahre eine hohe persönliche Wertschätzung füreinander.

So klar Aby zu wissen glaubte, wie er sein privates Leben gestalten wollte, so wenig konnte er die Ambivalenzen in Bezug auf seine berufliche Zukunft lösen. Der naheliegende Weg einer universitären Laufbahn war ihm als Juden zu jener Zeit immer noch weitgehend verstellt, wobei die Alternative eines Lebens als Privatgelehrter auch ihre Vorteile versprach. So zog das junge Paar an den Ort ihrer Begegnung: nach Florenz. Hier wurden ihre Kinder Marietta (1899), Max Adolph (1902) und im Jahr der Rückkehr nach Hamburg zuletzt Frede (1904) geboren, und in Florenz fand er auch im internationalen Kreis von Künstlern und

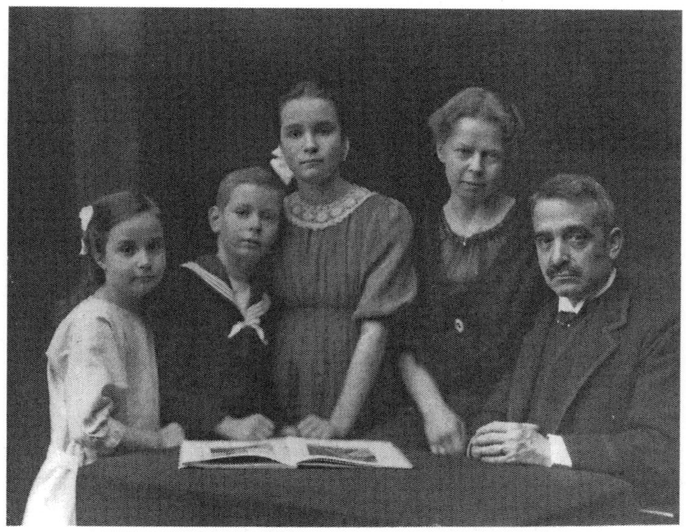

Frede, Max Adolph, Marietta, Mary und Aby Warburg, ca. 1912

Kunsthistorikern ihn stimulierende, mitunter aber auch provozierende Gesprächspartner.[54]
Schon während seines italienischen Studienaufenthaltes 1888/89 hatte er an der Einrichtung des Kunsthistorischen Instituts teilgenommen, das im Jahr seiner Rückkehr 1897 dorthin auch seine offizielle Gründung erfuhr und bis heute – inzwischen unter dem Dach der Max-Planck-Gesellschaft – einen Ort des offenen intellektuellen Austausches bietet. Aby Warburg distanzierte sich für seinen Teil von einer modischen und seiner Meinung nach in dekadenter Selbstgefälligkeit versinkenden Lesart der florentinischen Renaissance als autonomer Stilgeschichte; stattdessen vergrub er sich zu intensiver Recherche in den Bibliotheken und Archiven. Indem er sich in die materiellen Voraussetzungen der Kunst des Quattrocento vertiefte, förderte er Erstaunliches zutage: Ihm, dem Bankierssohn Aby Warburg, begegnete ein vertrautes soziales Milieu von Bankiers als Mäzenen, deren Haushaltsinventare, Geschäftspost und Steuerlisten er in seine Forschungen zu den psychohistorischen Entstehungsbedingungen der Renaissancekultur mit einbezog. Folgte er in seinem historischen Ansatz den vorangegangenen Forschungen Jakob Burckhardts zur Kultur der Renaissance (1860), so erweiterte er diese um eine spezifisch kunsthistorische Komponente, indem er das Augenmerk auf die Wanderbe-

wegungen von Bildmotiven von der Antike bis in das Florenz der Medici und Tornabuoni lenkte. Wie schon Burckhardt vor ihm, vermied er eine nationale oder geographische Verengung des Blickwinkels und betonte die Verbindungen Italiens mit dem Norden und verwies – ganz im Gegensatz zu der Vorstellung einer linearen historischen Entwicklung, auf die Gleichzeitigkeit von unterschiedlichen Stilen innerhalb einer Epoche, ja sogar innerhalb eines Kunstwerkes.[55]

Doch auch wenn Aby Warburg in jenen Florentiner Jahren das eine oder andere publizierte und auch Vorträge hielt, die Beachtung fanden, stellen sie sich in subjektiver Sicht als zwiespältig dar. Schreibhemmungen schränkten seine Produktivität ein; immer wieder berichten seine Tagebuchaufzeichnungen von »Sorgenkrallen« und dem Gefühl, sich »im Tunnel« oder »unter der Nebelkappe« zu befinden.[56] Auch von wechselhaften Stimmungen ist dort die Rede: »Zwei Tage aus dem Karneval meines Lebens – einer fröhlich, dann einer Fieberanfall, Hang zum Tagträumen.«[57] Besucher schilderten dramatische Stimmungsschwankungen mit Erregungszuständen »wie von Sinnen«, gefolgt von tiefer Niedergeschlagenheit und der Bitte, sie mögen sich um seine Frau Mary kümmern, wenn er eine Anstalt aufsuchen müsse.[58] Bei seinem langjährig behandelnden Psychiater Heinrich Embden (1871–1941) in Hamburg stellte er sich mit der zeitgenössischen Selbstdiagnose einer Neurasthenie vor. In seiner Anamnese von 1921 schilderte dieser rückblickend die Belastungen, die Abys Frau Mary bereits in den Jahren in Florenz zu ertragen hatte. Embden erwähnte Abys Vorwürfe über ihre »mangelhafte hygienische Schulung« und beschrieb die Entwicklung seines Patienten »zu einem *krassen Haustyrannen* und *Topfgucker*. Bei kleinen Anlässen hemmungslose Zornausbrüche, er redet dann Dolche, begründet das Maß der Erregung mit glänzender Dialektik so, daß er jede winzige Tatsache sub speciem aeterni rückt, gerade in *dieser* Tatsache den Urgrund aller Lebensschwierigkeiten aufzeigt. (…) In der Tat ordnet die Frau ihr ganzes Leben seinen Wünschen und Launen unter, unter weitgehender Aufgabe ihrer gesamten Persönlichkeit.«[59] Aus demselben Dokument ist zu erfahren, dass um das Jahr 1900 ein Diabetes mellitus entdeckt wurde, den Aby hypochondrisch verarbeitet habe und – 16 Jahre vor der erstmaligen Isolierung von Insulin – durch extrem genaue Einhaltung der Diätvorschriften in den Griff zu bekommen versuchte. Auch der Diabetes wurde »ein neues Feld für unaufhörliche tyrannische Nörgeleien und Quälereien im Haushalt, mit großen Szenen.«[60]

Zur Illustrierung der emotionalen Landschaft, in der sich Aby Warburg damals befand, trägt eine tragische

Geschichte aus seinem unmittelbaren familiären Umfeld bei. Seine Schwester Olga (1873–1904) und sein oben erwähnter New Yorker Schwager James Loeb hatten sich ineinander verliebt. Olga wird als schüchtern, feinfühlig und musikalisch begabt beschrieben und fand in ihrem Schwager offenbar einen gleichgesinnten Menschen. Doch obwohl – oder vielleicht gerade weil – es zwischen den Warburgs und den Loebs bereits eheliche Verbindungen gab, stellten sich beide Familien entschieden gegen diese Beziehung. Anders als ihr Bruder Aby hatte Olga nicht die Kraft, sich gegen das familiäre Gebot aufzulehnen. Stattdessen heiratete sie 1898 einen vermögenden englischen Metallhändler und wurde mit ihm in London todunglücklich. Bei einem Deutschlandbesuch ließ sie ihren erstgeborenen Sohn in Hamburg bei ihren Eltern, um weiterzureisen. Als dieser dann überraschend starb, machte ihr Mann sie dafür verantwortlich. Nach der Geburt ihres vierten Kindes fiel sie 1904 in eine tiefe Depression. Am Vorabend einer Konsultation bei einem Schweizer Spezialisten nahm Olga sich das Leben, indem sie aus dem Fenster des Luxushotels sprang, in dem sie abgestiegen war. Dieser Freitod lastete schwer auf der ganzen Familie Warburg und auch auf dem ehemaligen Geliebten James Loeb. Dieser hatte nach dem Tod seiner Eltern nicht nur ein erhebliches Finanzvermögen geerbt, sondern endlich die Möglichkeit erhalten, sich von der ungeliebten Tätigkeit in der Bank zu befreien. Dennoch war er psychisch schwer belastet und suchte Hilfe bei Nervenärzten in Deutschland, zunächst bei Otto Binswanger (1852–1929) in Jena, dann beim damals weltweit bedeutendsten Psychiater Emil Kraepelin (1856–1926) in München. Beide Ärzte sollten einige Jahre später bei der Behandlung Aby Warburgs eine zentrale Rolle spielen, und vor allem Kraepelin haben sowohl James Loeb als Aby Warburg vieles zu verdanken. Loeb revanchierte sich als Unterstützer der auf Kraepelins Betreiben hin 1917 in München gegründeten Deutschen Forschungsanstalt für Psychiatrie, heute das Max-Planck-Institut für Psychiatrie.[61]

Ob Abys Rückkehr nach Hamburg im selben Jahr, in dem sich die Schwester das Leben nahm, auf ein Zusammenrücken der Familie in der Trauer schließen lässt, bleibt Spekulation. Es ist jedoch klar, dass seine psychische Gesundheit sich dadurch nicht verbesserte. Als ihm 1906 eine Position in Bonn, verbunden mit einer Tätigkeit am Kunsthistorischen Institut in Florenz, angeboten wurde, zögerte er jahrelang und ließ sie schließlich vorbeigehen. Eine in Bonn begonnene Habilitationsschrift, eine Untersuchung der Medici-Inventare, ließ er weitgehend fertiggestellt liegen, einen Ruf auf die Universität Breslau – ganz allmählich öffnete sich die akademische Welt für Juden – lehnte er ebenso ab. Wahrscheinlich wäre er außerstande gewesen, diese Positionen auszufüllen. Einem besorgten Arzt gegenüber, den er damals konsultierte, gestand er, nur noch zwischen ein und fünf Uhr morgens schreiben zu können. In der Folge wandte er sich der Erforschung der Astrologie zu, über die er nach eigenen Angaben im Laufe des Jahres 1908 etwa 1500 Bände erwarb.[62]

Die Kulturwissenschaftliche Bibliothek Warburg K.B.W.

Hiermit ist das Motiv eines Kernstücks von Aby Warburgs Vermächtnis angesprochen: sein Vorhaben, die rasch wachsende, ja überbordende private Büchersammlung in eine der Fachöffentlichkeit zugängliche kulturwissenschaftliche Bibliothek zu verwandeln. Bereits 1900 hatten sich Aby und sein Bruder Max im Sommerurlaub auf Helgoland getroffen und diesen Vorschlag erörtert. Nach der Rückkehr Abys und seiner Familie nach Hamburg 1904 explodierte die Anzahl der erworbenen Bände geradezu und schränkte das Alltagsleben der Familie ein. 1908 sollte ein langjähriger Freund deswegen spotten: »Bauen Sie ein Haus. Wie oft werden Sie Ihr Jüngstes mit irgendeinem großen Lexikon verwechselt haben und waren gewiß ganz erstaunt, daß sich Ihr Kind aufklappen ließ.«[63]

Aby hörte auf den Rat seines Freundes, wenn er zunächst auch keinen Neubau erstellen ließ. Der Umzug innerhalb Hamburgs in die Heilwigstraße 114 im Folgejahr war jedoch nur für begrenzte Zeit in der Lage, ausreichenden Platz für die unzähligen Bücher zu schaffen. Sogar im neuen Haus war die Familie bald gezwungen, vor der sich rasch ausweitenden Bibliothek zu fliehen. So wurde das Erdgeschoss den Büchern geopfert, während das Familienleben sich auf das obere Stockwerk beschränkte, das jedoch auf Dauer auch nicht von Regalen frei blieb.[64] Zugleich fand ein Prozess statt, der als beginnende Professionalisierung der Bibliothek und Ausformung als Forschungsinstitut verstanden werden kann: Schon 1908 hatte er einen ersten Bibliotheksassistenten eingestellt, und mit dem Eintritt Fritz Saxls (1890–1941) als Forschungsassistent im Jahr 1913 sollte er einen kompetenten Bewahrer nicht nur seiner Ideen, sondern auch der Bibliothek selbst in kommenden Zeiten persönlicher wie politischer Krisen gefunden haben.[65]
Parallel dazu stieß Aby trotz schmalem publikatorischen Output vor allem aufgrund seiner Vortragstätigkeit in der Fachöffentlichkeit auf wachsende Anerkennung für sein Projekt einer »historischen Psychologie

des menschlichen Ausdrucks«.[66] Dies wurde 1912 auch in einem zweiten Ruf auf einen Lehrstuhl für Kunstgeschichte deutlich, diesmal nach Halle. Warburg lehnte erneut ab und wurde noch im selben Jahr, also noch sieben Jahre vor der Gründung der Hamburger Universität, mit dem Titel eines Honorarprofessors der Stadt Hamburg belohnt – eine wichtige öffentliche Anerkennung. So schuf sich Aby, für den es in der damaligen akademischen Landschaft wohl keinen geeigneten Arbeitsplatz gab, einen solchen selbst, immer wieder von seinen Brüdern, die die Bankgeschäfte führten, unterstützt.

Jüdische Identität und Antisemitismus

Der Notwendigkeit, sich vor seinen Familienangehörigen für seine finanziellen Forderungen zu rechtfertigen, verdanken wir eine eloquente Selbstbeschreibung von Abys Verhältnis zur orthodox-jüdischen Herkunft einerseits, zur Geschichte der europäischen Aufklärung andererseits. Am 29. Dezember 1927 trat das Kuratorium, darunter die Brüder Max und Fritz sowie der Sohn Max und der Neffe Erich Warburg, zusammen, um die Gründung der Kulturwissenschaftlichen Bibliothek Warburg einzuleiten. Aby erklärte: »Der Anfangspunkt meiner wissenschaftlichen Entwicklung ist mit dem 15. Jahre nicht zu früh angesetzt. Durch die Kämpfe mit einer dogmatisch strengen Orthodoxie (deren Religiosität ich übrigens nie, weder in ihren Vertretern, noch in ihren Grundsätzen aufgehört habe zu respektieren,) war ich schon in meiner frühesten Jugend mit den Gegensätzen zusammengeprallt, die zwischen der starren biblischen Tradition – durch hebräischen Unterricht im Hause seit den ersten Kinderjahren vertreten – und der modernen europaeisch-deutschen Kultur, die sich einerseits durch den Lutherschen Protestantismus und die Verarbeitung der Ideen der französischen Revolution und andererseits durch die moderne Naturwissenschaft den Weg vom mittelalterlichen katholischen Dogma zur Freiheit der Persönlichkeit zu bahnen versuchte, in mir entstanden.«[67]

Doch nicht immer hatte Aby Warburg über dieses spannungsgeladene Thema seiner jüdischen Identität in einem antisemitischen Umfeld so abgeklärt Auskunft geben können wie in dieser Ansprache kurz vor seinem Tod. Selber hatte er sich treffend als Seismographen der politisch-psychologischen Umwälzungen seiner Zeit beschrieben, wobei er auf seine psychisch-kulturelle Hybridbildung und die daraus resultierende besondere Empfänglichkeit für die Erschütterungen seiner Zeit verwies.[68] In jüngeren Jahren hatte er keineswegs eine sanfte Metaphorik bemüht. So empfand er sich damals in einem »erbitterten Zwei-Fronten-Krieg« zwischen dem Dogma der Orthodoxie auf der einen, dem immer unzensierter auftretenden Hass seines deutsch-nationalen Umfeldes auf der anderen Seite.[69] Vorwürfe seiner Eltern, sich für seine jüdische Identität zu schämen, wies er entschieden, aber nicht unbedingt glaubhaft zurück.[70] Dennoch bereitete ihm gerade diese Identität Kopfzerbrechen: So ist eine Selbstcharakterisierung als »Futurist, zwischen den Stühlen des Zionismus und des assimilierten Judentums sitzend«, erhalten.[71] Aby Warburgs Abgrenzungsbemühungen von den Einengungen durch das Elternhaus haben schon in verschiedenen Kapiteln dieses Bandes Erwähnung gefunden: im Kampf gegen die väterliche Aufforderung, sich an seinem ersten Studienort in Bonn an die koscheren Speisevorschriften zu halten, oder in der Wahl einer christlichen Ehepartnerin und der vorwiegend protestantischen Erziehung seiner Kinder. Ein starkes Zeichen setzte die Weigerung Abys, anlässlich des Todes seines Vaters 1910 das Kaddischgebet zu sprechen, ja überhaupt an Trauergottesdienst und Beisetzung für den Vater, der immerhin der Vorsitzende der jüdischen Gemeinde gewesen war, teilzunehmen. Seine Worte hierzu klingen unversöhnlich: »Kaddisch sagen ist die Aufgabe des ältesten Sohnes, es bedeutet nicht nur einen äußerlichen Akt, sondern weist in einem solchen öffentlichen Gedenkgottesdienst auch darauf hin, daß er das moralische Erbe des Vaters antritt. Ich will mich solch öffentlich geäußerter Heuchelei nicht schuldig machen.«[72]

Hinter diesen brüsken Worten stand eine tiefe innere Zerrissenheit. Wiederum liefern die beiden autobiographischen Fragmente aus der Zeit seiner stationären Behandlung wichtige Hinweise. Im ersten Text schrieb er vom Kinderbuch »Eine seltsame Schule« der der Zeitschrift »Gartenlaube« nahestehenden schwäbischen Schriftstellerin Ottilie Wildermuth (1817–1877). Es handelt sich nach Abys Worten dabei angeblich um eine Übersetzung des »Oliver Twist« von Charles Dickens, dessen Schreckensbilder von einer englischen Diebesschule sich tief in sein Gedächtnis eingebrannt und zu furchterregenden Fieberphantasien wie auch Verwechselungen im realen Leben geführt hätten.[73] Das Original von Dickens handelt im Armen- und Kriminellenmilieu Londons, wo der Protagonist in die Fänge eines jüdischen Hehlers gerät. Dessen Figurenzeichnung bezeugt einen unverhohlenen Antisemitismus des Autors, was durch die Originalzeichnungen von George Cruikshank, der das Stereotyp vom hakennasigen Juden bedient, noch unterstrichen wird.[74] Bei dem von Warburg erwähnten Kinderbuch handelt es sich jedoch nicht um eine Übersetzung, sondern um eine pietistische Umdichtung und biedermeierliche Verniedlichung.[75] Sie ist interessanterweise nicht offen antisemitisch und verortet den Helden sozial in einer wohlhabenden Kaufmannsfamilie, beschreibt aber den Hauptmann der Diebesbande, der hier anders als bei Dickens »Morton« heißt, als vom rechten christlich-protestantischen Glauben abgefallen. Aby unterlief ein kleiner Lapsus in seinen Erinnerungen, als er davon schrieb, dieser bringe den Kindern bei, »Ohren« (richtig: Uhren) abzuschneiden. Während Dickens den jüdischen Hehler am Ende angesichts des drohenden Galgens in detaillierter Beschreibung psychisch zusammenbrechen lässt, sendet Wildermuth den wieder zum Protestantismus bekehrten Diebeshauptmann aus Reue über seine Untaten nach Alexandrien zur Pflege Pestkranker, wo er – wie in seinem Namen (Mors, mortis ist das lateinische Wort für Tod) bereits angedeutet – sich infiziert und ebenfalls ums Leben kommt. Egal also, ob Abys Schrecken sich auf die Ausgabe von Wildermuth oder von Dickens bezog: Er hatte die Botschaft, dass, wer kein rechter Christ ist, moralisch verwerflich und todgeweiht sei, richtig verstanden, ohne sich als Kind davon reflektierend lösen zu können.

Im zweiten autobiographischen Fragment Aby Warburgs erfahren wir von der Innenseite seines Kampfes gegen die jüdischen Speisegesetze: Lange litt er geradezu unter der körperlichen Empfindung, einen

Januskopf zu besitzen, und wurde darüber trübsinnig; erst die Zustimmung des Vaters (in Abys Einschätzung) bzw. eine Behandlung mit Brom als damals geläufiges Beruhigungsmittel (nach Einschätzung seines Hauspsychiaters) setzten dem ein Ende.[76]

Den umfassenden Untersuchungen von Charlotte Schoell-Glass verdanken wir ein genaues Bild vom sich zuspitzenden, immer stärker rassistisch argumentierenden Antisemitismus jener Vorkriegsjahre wie auch von Abys Reaktionen darauf.[77] Zwar folgen wir ihr nicht bis in ihre These, die Erforschung des Antisemitismus habe im Zentrum seines kulturwissenschaftlichen Projekts gestanden. Aber ihre Auffassung von der herausragenden Bedeutung dieser Frage für ihn trifft sicher zu, auch wenn das in seinen öffentlichen Äußerungen und Publikationen wenig sichtbar wurde.[78] Als Patriot des wilhelminischen Reiches litt er unter der Diskriminierung jüdischer (Reserve-)Offiziersbewerber, nicht aus militaristischen Gründen, sondern wegen der sich darin ausdrückenden fehlenden gesellschaftlichen Anerkennung, zumal sich in zahlreichen Bereichen des öffentlichen Lebens die Führungselite aus dem Kreis der Reserveoffizieren rekrutierte.[79] Entsprechend lehnte er auch den offiziellen Vorsitz des von ihm weitgehend konzipierten und organisierten Internationalen Kunsthistorikerkongresses in Rom 1912 ab, weil er die Komplikationen vermeiden wollte, die entstünden, wenn ein Jude Präsident einer Weltorganisation werde.[80] Dies hinderte ihn nicht daran, sich vehement für die Sache des Deutschen Reichs im herannahenden Weltkrieg ins Zeug zu werfen.

Die Kriegsbegeisterung führender deutschsprachiger Intellektueller im Herbst 1914 ist bekannt und mutet heutzutage befremdlich an. Doch anders als beispielsweise Sigmund Freud oder Gerhart Hauptmann sollte Aby Warburg seine Haltung nicht im Kriegsverlauf revidieren. In den ersten Monaten versuchte er sogar, sich propagandistisch zu betätigen und seine guten Kontakte nach Italien dazu zu benutzen, um dort für eine Allianz mit den Mittelmächten zu werben. In Absprache mit Fürst von Bülow, dem deutschen Sonderbotschafter für Italien, gab er erstmals im Oktober 1914 eine einfach »Rivista« genannte italienischsprachige Zeitschrift heraus, die objektive Berichterstattung, prodeutsche Propaganda und eine »ausgefeilte Bildregie« miteinander verknüpfte.[81] Als Italien trotz aller deutschen Bemühungen, es möge zumindest neutral bleiben, am 23. Mai 1915 Österreich-Ungarn den Krieg erklärte, wurde das Erscheinen der Zeitschrift nach der zweiten Ausgabe eingestellt. Aby war zutiefst enttäuscht und schrieb: »Schade, daß man nicht an einem Ekelanfall plötzlich sterben kann. Im übrigen werde ich helfen, Italien zu vernichten, wie und wo ich nur kann. Dieses Bordell muß verschwinden.«[82] Auch gegen

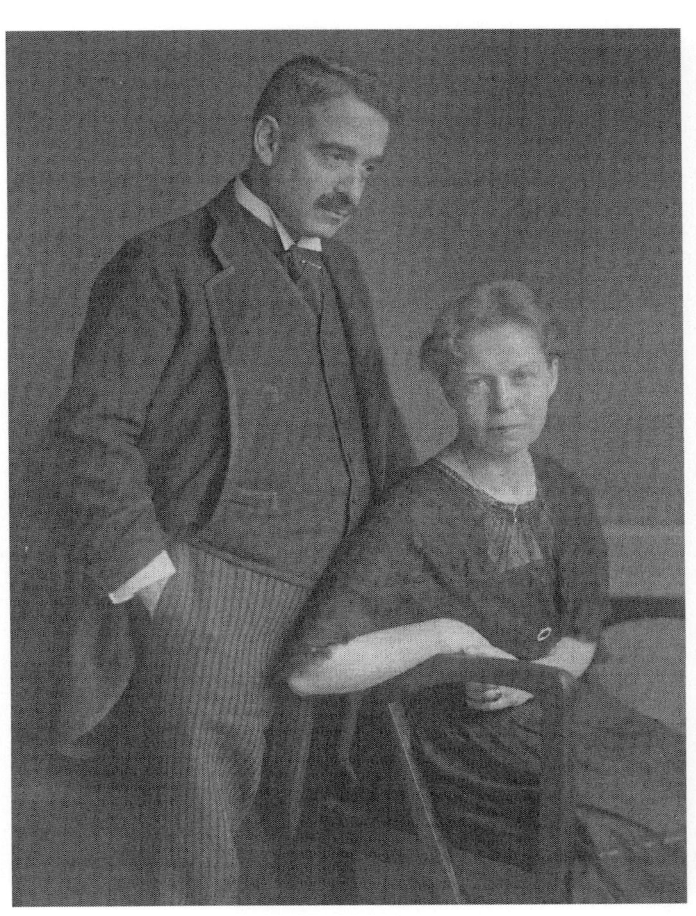

Aby und Mary Warburg, 1912

Großbritannien und die USA pflegte er massive Ressentiments, so dass er Zeitungsherausgebern in Leserbriefen Vorschläge für anti-angelsächsische Polemiken machte, ungeachtet der Tatsache, dass ein erheblicher Anteil der Zuwendungen für seine Bibliothek aus amerikanischen Quellen stammte. Zugleich legte er umfangreiche Sammlungen an Zeitungsausschnitten aus dem In- und Ausland über die verschiedensten Aspekte des Krieges an, getrieben von der Hoffnung, auf diese Weise ein System zum Verständnis des Zerfalls seiner ihm vertrauten Welt zu finden. Sein Forschungsassistent Fritz Saxl war zum Wehrdienst eingezogen worden; damit sistierte auch das Projekt, die Bibliothek weiter in ein Forschungsinstitut umzuwandeln. Stattdessen spannte Aby die gesamte Hausgemeinschaft einschließlich seiner Frau und Kinder für das Unterfangen ein, den Krieg zu »verzetteln« und seine Schrecken auf diese Weise zu bannen.

Sein Schüler Carl Georg Heise beschreibt eindringlich Warburgs Versuche, mithilfe der Bibliothek bzw. der dort angesiedelten Kartothek die den Krieg regierenden inneren Zusammenhänge systematisch zu erfassen. Dabei spricht er von einem Schlachtfeld, auf dem Aby, immer unruhiger und getriebener, seinen wachsenden Stab befehligte, im hilflosen Versuch, sich mit Disziplin dem Zusammenbruch entgegenzustemmen.[83] Vergeblich.

Krise und Heilung

»Wenn ich versuche, für die Zeit vor dem Ersten Weltkrieg, in der ich aufgewachsen bin, eine handliche Formel zu finden, so hoffe ich am prägnantesten zu sein, wenn ich sage: es war das goldene Zeitalter der Sicherheit.«[84] Auch wenn der hier sprechende Stefan Zweig eine Wiener und keine Hamburger Kindheit beschreibt und auch wenn man ihm ein gutes Stück retrospektiver Idealisierung zugutehalten muss, so treffen seine Worte doch den Kern des tiefen Verlustes, den das Ende der nach Eric Hobsbawns Worten als »langes 19. Jahrhundert« beschriebenen Epoche für viele Menschen damals bedeutete. Hinzu kam für den im Kriegsverlauf immer panischer werdenden Aby Warburg eine unerwartete Wendung der Ereignisse: In den letzten Kriegstagen sollte er die Gewalt überraschend nahe an sich heranrücken spüren. Denn während Reichstag und Regierung einen Friedensschluss mit den Alliierten vorbereiteten und dazu die verlangten Verfassungsänderungen in Angriff nahmen, versuchte die deutsche Seekriegsleitung auf eigene Faust, ihre Hochseeflotte in einen aussichtslosen Kampf gegen die britische Marine zu entsenden. Ende Oktober und Anfang November 1918 brachen in Kiel und Wilhelmshafen Matrosenaufstände aus, die sich rasch über das ganze Reich ausbreiteten und zur

Bildung von Räten nach sowjetischem Vorbild führten.[85] Mit der sich auflösenden Monarchie drohte auch der relative Schutz, den das Kaiserreich seit 1871 seinen jüdischen Bürgern gewährt hatte, wegzufallen. Die Kartothek der Kulturwissenschaftlichen Bibliothek Warburg enthält in den Worten von Schoell-Glass »Aberdutzende von Berichten über exzeßhaftes Morden an Juden (...), das sich wie eine Walze, die von Finnland über Rußland und Rumänien bis Tunis reichte, von Osten nach Westen bewegte.«[86]

Dies war endgültig zu viel für Abys psychisches Gleichgewicht. Der Herbst 1918 markiert den Beginn einer sechsjährigen schweren psychotischen Erkrankung, deren Überwindung für lange Zeit ausgeschlossen schien. Carl Heise schildert einen Besuch bei Aby in jenen Revolutionstagen, wo er ihn in einem massiven Erregungszustand antraf, bald brüllend, bald flüsternd, Heise in eine Ecke ziehend und dort eine furchtbare Verfehlung beichtend: Er habe gegenüber einem Professor gesagt: »Im Grunde meiner Seele bin ich Christ.«[87] In einem Augenblick bat Aby ihn um Geheimhaltung dieses unverzeihlichen Verrats, im nächsten schrie er es durch die geöffneten Fenster hinaus.

Schon Heise fühlte sich von Aby Warburg bedroht; doch als dieser einen Revolver mit der Absicht ergriff, seine Frau, seine Kinder und schließlich sich selbst zu erschießen, intervenierte die Familie und veranlasste am 2. November 1918 seine stationäre Aufnahme, zunächst in die Privatklinik von Arnold Lienau in Hamburg.[88] Dessen Krankenblätter beschreiben Aby Warburg als einen akut psychotisch erkrankten Menschen, der Stimmen hörte, sich massiv von Engländern, Franzosen oder Bolschewiken verfolgt fühlte und wähnte, er solle mit vergiftetem Essen oder durch Bettlaken, die von syphilitischem Eiter verseucht seien, umgebracht werden. Zwischenzeitlich versuchte er, seinen vermeintlichen Häschern zuvorzukommen und sich zu strangulieren oder aus dem Fenster zu stürzen. Er erhielt Beruhigungsmittel und die damals üblichen physikalischen Maßnahmen und konnte sich im Laufe der Monate auch etwas stabilisieren, doch an eine Überwindung der Störung war nicht zu denken. Auf sein Drängen wurde er dennoch am 12. Juli 1919 nach Hause entlassen, wo er die nächsten 15 Monate im Kreis seiner Familie verbrachte und vergeblich versuchte, seine Arbeit wieder aufzunehmen. Seiner damals zwanzigjährigen, als Krankenschwester ausgebildeten Tochter Marietta wurde die Verantwortung für den Vater in die Hände gegeben, eine Überforderung, unter der sie für den Rest ihres Lebens leiden sollte. Zudem gibt es Hinweise darauf, dass auch der zweitgeborene Max Adolph, dessen Adoleszenz von der psychischen Erkrankung des Vaters überschattet war, im Leben nicht

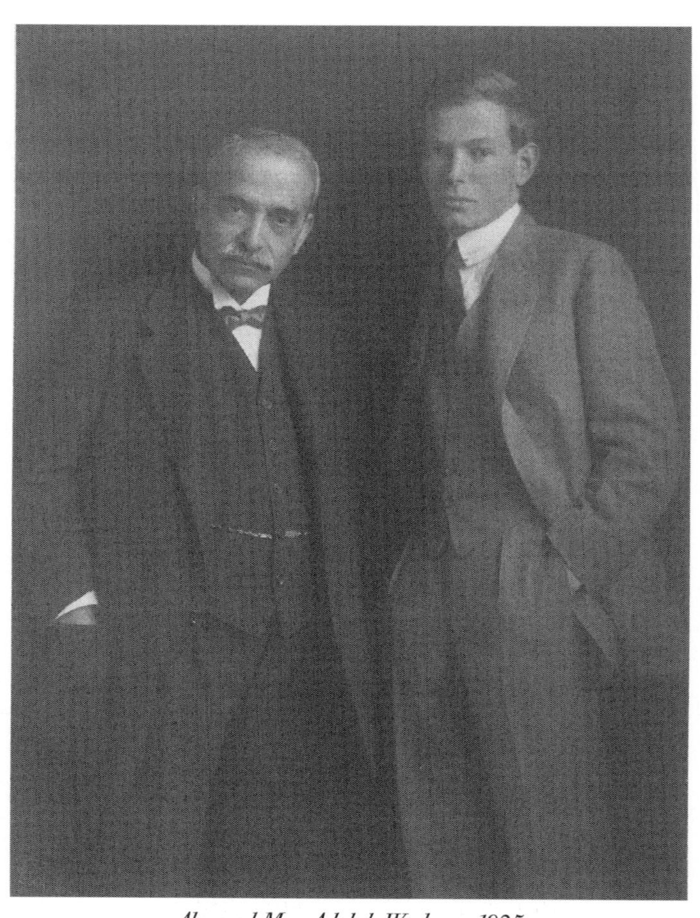

Aby und Max Adolph Warburg, 1925

wirklich Fuß fassen und möglicherweise ebenfalls eine Psychose entwickeln sollte.[89]
Als das Scheitern des Versuches, Aby in seiner gewohnten Umgebung gesunden zu lassen, unabweisbar wurde, erfolgte auf Veranlassung seines bereits mehrfach erwähnten Psychiaters Heinrich Embden am 9. Oktober 1920 die Einweisung in die neuropsychiatrische Abteilung der Universitätsklinik Jena, damals geleitet vom Ordinarius Hans Berger (1873–1941), der später als Erfinder des Elektroenzephalogramms, aber auch als Beisitzer am nationalsozialistischen Erbgesundheitsobergericht Jena auf zwiespältige Weise in die Wissenschaftsgeschichte eingehen sollte.[90] Berger und Warburg konnten wohl eher wenig miteinander anfangen, so dass Aby nach einem halben Jahr weitgehend unverändert weiterverlegt wurde. Dabei war Berger durchaus engagiert, hatte Aby bereits vor Aufnahme in Hamburg untersucht und begleitete ihn auch persönlich zur nächsten behandelnden Einrichtung. Das Bild, das er in einem Arztbrief von seinem Patienten zeichnet, spricht von den großen Belastungen für das Umfeld, die Abys Präsenz mit sich brachte: Zu Hause habe er die Frau geschlagen, in der Klinik in Jena die begleitende Privatkrankenschwester; zudem brülle er so laut herum, dass die anderen Patienten ihn einfach nicht ertrügen. Er, Berger, könne Aby einfach nicht mehr in seiner Privatstation halten.[91]

Rückblickend erscheint der Jenenser Abschnitt in Aby Warburgs Kur als ein Missverständnis. Zu seiner Erklärung kann man annehmen, dass auch die Erfahrungen von James Loeb, dem bereits mehrfach erwähnten Schwager Aby Warburgs, in der Wahl Jenas als Behandlungsort eine Rolle gespielt hatten Denn Loeb war dort ebenfalls Patient gewesen, genauso wie übrigens Friedrich Nietzsche (1844–1900). Beide waren allerdings noch von Bergers unmittelbarem Vorgänger Otto Binswanger behandelt worden.[92] Dieser gehörte seinerseits zu einer berühmten Schweizer Psychiaterdynastie, die in Kreuzlingen am Bodensee die private Heilanstalt Bellevue betrieb. Dort sollte die letzte, längste und wichtigste Etappe in Abys mühsamer Genesungsgeschichte stattfinden.

Otto Binswanger hatte sich nach seiner Emeritierung nach Kreuzlingen zurückgezogen, wo er noch einige Patienten behandelte und zumindest anfangs auch an Abys Warburgs Therapie teilnahm. Denn die Leitung der renommierten Einrichtung lag in den Händen des damals noch nicht sehr erfahrenen Ludwig Binswangers (1881–1966) mit dessen Cousin Kurt Binswanger (1887–1981) als erstem Stellvertreter. Ludwig Binswanger gilt heute als der bekannteste Spross der Familie, da er die Daseinsanalyse begründete, eine Psychotherapieform, die, grob zusammengefasst, die Freud'sche Psychoanalyse mit der Heidegger'schen

Existenzphilosophie zu vereinbaren versucht. Heute stellt sie einen der relevanten Ansätze dar, zum Erleben psychotisch erkrankter Patienten einen verstehenden Zugang zu finden. Doch als Aby am 16. April 1921 im Bellevue aufgenommen wurde, existierte noch keinerlei psychotherapeutisches Konzept für sein Störungsbild, und auch die biologischen Therapieformen wurden erst ab den 30er Jahren, die differentielle Psychopharmakotherapie sogar erst ab den 50er Jahren entwickelt. So bestand das Charakteristische der Klinik in einer besonderen Form der Milieutherapie, die auf einer weitgehenden Aufnahme der dazu geeigneten Patienten in die Tagesabläufe der Familie Binswanger beruhte. Schon der Großvater Ludwigs und Klinikbegründer, Ludwig Binswanger (der Ältere; 1820–1880) hatte gefordert, dass »der Zutritt zur Familie des Arztes den besseren Kranken jederzeit mit Liebe offen (stehen) solle.«[93] Unter diesem Motto stand auch Warburgs Behandlung dort. So wurde er schon nach wenigen Wochen zum nachmittäglichen Tee bei Binswangers eingeladen oder auf Autofahrten mitgenommen. Vor allem in den Morgenstunden jedoch war er oft sehr getrieben von Verfolgungsängsten, sprach unzusammenhängend, teilweise in Phantasielauten, benötigte ausgedehnte Zwangsrituale zum Start in den Tag und griff mitunter das Personal so schwer an, dass er bei mindestens einer Gelegenheit eine Krankenschwester getötet hätte, wenn niemand dazwischengegangen wäre.[94] Immer wieder war er davon überzeugt, Hilferufe seiner Familienangehörigen zu vernehmen, die getötet, zerstückelt und ihm zum Essen gereicht würden.[95] Zugleich hatte er aber auch Phasen, in denen er mit der Realität in besserem Kontakt stand, vor allem nachmittags. Auch auf die Mitteilung vom Tod seiner Mutter am 14. Oktober 1921 reagierte er zunächst sehr adäquat mit liebevollen Erinnerungen und überraschte Binswanger mit dem Wunsch, eine Synagoge zu besuchen.[96]

Die ganze Zeit über hielten Familie und Freunde engen Kontakt zu Warburg.[97] Sie mussten miterleben, wie auch hier, in einer der damals besten psychiatrischen Institutionen der Welt, kein wirklicher Heilungsfortschritt zu erzielen war. Dies veranlasste sie, wahrscheinlich dabei wieder den Erfahrungen von James Loeb folgend, zu einem ungewöhnlichen Schritt: Sie baten den als führende Autorität geltenden Kraepelin zum Konsil nach Kreuzlingen. Schließlich folgte nahezu die ganze psychiatrische Welt der von ihm in seinem Lehrbuch aufgestellten grundlegenden diagnostischen Einteilung psychischer Erkrankungen,[98] und er seinerseits war der Familie als Mäzenin seines Münchener Forschungsinstituts verpflichtet. Der Grundgedanke seiner theoretischen Arbeit bestand in dem Ansatz, psychische Störungen nicht nur nach ihren Symptomen, sondern auch nach ihrer Heilungswahrscheinlichkeit einzuteilen. Für das Feld der hier relevanten Psychosen war er zu einer bis heute in ihrem Kern unverändert akzeptierten Zweiteilung gekommen. So stellte er auf die eine Seite die unheilbare *Dementia praecox* oder vorzeitige Verblödung, die, wie ihr Name bereits besagt, als ein unaufhaltsam voranschreitender geistiger Abbauprozess konzeptualisiert wurde.[99] Diese Diagnose war Aby Warburg von verschiedenen Ärzten immer wieder gestellt worden, so auch in Kreuzlingen, und sie muss für ihn, der sich psychopathologisch gut auskannte, wie ein geistiges Todesurteil gewirkt haben. Auf der anderen Seite lokalisierte Kraepelin das manisch-depressive Irresein mit einer günstigen Prognose.[100] Bemerkenswerterweise kam er bei seiner konsiliarischen Visite am 6. Februar 1923 im Bellevue zu einer anderen Einschätzung als alle seiner Kollegen und stellte Aby Warburg die Diagnose eines manisch-depressiven Mischzustands, verbunden mit einer günstigen Heilungschance.[101]

Die Auswirkungen dieser diagnostischen Korrektur können gar nicht hoch genug eingeschätzt werden! Die sozialpsychiatrische Forschung hat in den 70er Jahren des letzten Jahrhundert damit begonnen, den Einfluss diagnostischer Etikettierungen und damit verbundener Stigmatisierungen der Betroffenen auf das Bild, das

Außenstehende von dieser Person gewinnen, aber auch auf deren Selbstbild kritisch zu untersuchen.[102] Die sozialpsychiatrische Hypothese, prognostische Annahmen bestätigten sich häufig im Sinne selbsterfüllender Prophezeiungen, erscheint auch in Aby Warburgs Fall plausibel. Denn in der Tat sollte mit der Mitteilung dieser neuen, um so vieles günstigeren Perspektiven auch erstmals eine echte Besserung in Gang kommen. Mit Hilfe des angereisten Fritz Saxl nahm Aby ein schon seit einiger Zeit erörtertes Projekt wieder auf und bereitete seinen später berühmt gewordenen Vortrag über seine Reise zu den Pueblo-Indianern, die er 1896/97 unternommen und nur unzureichend theoretisch verarbeitet hatte, intensiv vor. Es dauerte kein Vierteljahr nach Kraepelins Besuch, bis Aby am 21. April 1923 etwa eine Stunde lang vor Ärzten, Mitpatienten und einigen geladenen Gästen weitgehend frei über seine Beobachtungen und seine Interpretation des von den Hopi im Dorf Walpi praktizierten Schlangenrituals sprechen konnte.

Dieser Vortrag wurde Gegenstand ausgedehnter kulturwissenschaftlicher Untersuchungen, wobei die Quellenlage bis vor Kurzem recht unzuverlässig war.[103] Schließlich hatte Aby Warburg überwiegend frei gesprochen und keine Veröffentlichung des Vortragsmanuskriptes gewünscht. Dennoch erschien 1988 eine von Ulrich Raulff edierte Version, auf der zahlreiche Kommentatoren und auch Übersetzungen aufbauten.[104] Erst 2010 folgte eine kritische Edition dreier Vortragsmanuskripte (neben zahlreichen anderen Texten) zur Amerikareise.[105] Warburg war fasziniert gewesen von der Unerschrockenheit, mit der die Hopi sich der Gefahr aussetzten, indem sie Giftschlangen in der Wildnis einsammelten, im Versammlungshaus einsperrten, wuschen und sich dann im Tanze in den Mund steckten, bevor sie sie in der Wildnis wieder freiließen. Nachvollziehbar deutete er dieses Ritual als eine Fürbitte, die Götter mögen es regnen lassen. Dabei bezog er sich auf die visuelle Analogie zwischen der Schlangenform und dem geschlängelten Blitz am Himmel, wenn das Gewitter den überlebensnotwendigen Regen bringt, und belegte dies möglicherweise mit einer Kinderzeichnung. Zwar sprach er wie seine Zeitgenossen von der »Primitivheit« der von ihm untersuchten Ethnie und unterstellte den bekannten Entwicklungsbogen hin zur als fortschrittlich begriffenen europäischen Kultur, der als »vom Mythos zum Logos« bzw. vom magischen zum naturwissenschaftlichen Denken reichend auf die übliche evolutionistische Weise zu beschreiben wäre. Doch überraschen seine technikkritische Haltung und seine von erkennbarer Sympathie getragene Verortung der Hopi als auf einer mittleren Stufe zwischen beiden Extremen stehend, von ihm als symbolisch bezeichnet.[106] Er schloss mit folgenden Worten: »Telegramm und Telephon zerstören den Kosmos. Das mythische und das symbolische Denken schaffen im Kampf um die vergeistigte Verknüpfung zwischen Mensch und Umwelt den Raum an Andachtsraum oder Denkraum, den die elektrische Augenblicksverbindung raubt, falls nicht eine disciplinierte Humanität die Hemmung des Gewissens wieder einstellt.«[107]

Aby Warburgs überraschende Genesung lässt sich also im ersten Schritt darauf zurückführen, dass von medizinischer Seite seine Diagnose geändert und Hoffnung wieder möglich wurde. Im zweiten Schritt war er selbst in der Lage, sich mit der Frage zu beschäftigen, wie das magische Denken, das auch sein psychotisches Erleben bestimmt hatte, zugunsten einer besseren Realitätskontrolle überwunden werden kann – ohne in einen trockenen Rationalismus zu verfallen. Von da an sollte es mit ihm deutlich bergauf gehen, so dass er nach einigen Fort- und Rückschritten schließlich nach einer zweiten Untersuchung durch Kraepelin am 12. August 1924 entlassen werden konnte. Warburg selbst pflegte zu sagen, er habe sich wie Münchhausen am eigenen Schopf aus dem Sumpf gezogen.[108]

Aby Warburg und Sigmund Freud, psychohistorische Kulturwissenschaft und psychoanalytische Kulturtheorie

Verschiedene Autoren haben auf das Phänomen hingewiesen, dass zur selben Zeit, als Aby Warburg seine Auffassung einer psychologischen Kulturwissenschaft entwickelte, auch der zehn Jahre ältere Sigmund Freud die psychoanalytische Kulturtheorie ausarbeitete. Schließlich waren beide mit Fragen des Spannungsverhältnisses zwischen magischem und rationalem Denken und dessen kulturellen Ausdrucks- und Überlieferungsformen beschäftigt. Dabei mag es verwundern, dass sich weder in Freuds Werk ein expliziter Hinweis auf Warburg noch in Warburgs Schriften ein konkretes Anzeichen dafür, er könne Freuds Arbeiten rezipiert haben, findet. Schon Gombrich hatte bemerkt, wie ablehnend Aby Warburg Freud gegenüberstand und wie spät er überhaupt von ihm Notiz nahm.[109] Positiver sieht umgekehrt Freuds Sicht auf Warburgs Beiträge aus: In einem Brief vom 3. November 1921 an Ludwig Binswanger, dem er trotz inhaltlicher Differenzen über die Jahre hinweg freundschaftlich verbunden geblieben war, fragte er nach dem im Bellevue aufgenommenen Warburg: »In Ihrer schönen Anstalt befindet sich gegenwärtig (...) ein Mann, an dem ich Anteil nehme, sowohl wegen seiner scharfsin-

nigen Arbeiten, als auch weil er der Vetter meiner intimsten Freundin (früher Patientin) ist, Prof. V. aus I. . . Darf ich bei Ihnen anfragen, was mit ihm ist und ob Sie ihm die Chance, wieder arbeitsfähig zu werden, zugestehen?«[110] Binswangers skeptische Antwort, noch vor Kraepelins Revision der Diagnose verfasst, hat weite Aufmerksamkeit erhalten,[111] Freuds Anfrage hingegen weniger. Dabei lassen zwei Aspekte bei Freud aufhorchen: zum einen der Hinweis auf seine Lektüre und Wertschätzung des wenigen, was Warburg bis zu diesem Zeitpunkt publiziert hatte; zum anderen die Nähe zu einer seiner Cousinen. Wahrscheinlich handelte es sich dabei um Helene Schiff, Tochter von Abys Tante Rosa. Die Schiffs, wohlhabende Wiener Bankiers, pflegten in den Sommermonaten auf dem Lande, vorzugsweise in Reichenau Häuser in Nachbarschaft zu den Freuds und anderen jüdischen Familien anzumieten.[112] Gerüchteweise hatten Sigmund Freud und Helene Schiff zu einem ungeklärten Zeitpunkt miteinander eine Beziehung.[113]
Die inhaltlichen Ähnlichkeiten zwischen Aby Warburg und Sigmund Freud fallen bereits in ihrer Terminologie ins Auge. So enthält beispielsweise eine Fassung von Warburgs Kreuzlinger Vortragsmanuskripts von 1923 (»Reise-Erinnerungen aus dem Gebiet der Pueblo-Indianer«) ein Unterkapitel »Totem und Tabu«.[114] Besaß er damals wirklich keine Kenntnis von Freuds

gleichlautend betitelter ethnopsychoanalytischer Spekulation, erschienen 1912 und 1913?[115] Und wenn Aby im selben Text wenige Seiten später nach den Eigenschaften der Schlange fragt, die ihre Eignung als Symbol ausmachen, findet sich in der Auflistung ein trockenes »5.) Phallus«.[116] Hielt er Freuds Triebtheorie wirklich für so abwegig? – Darüber hinaus finden sich strukturelle Analogien zwischen ihnen, die beide aus dem Studium scheinbar nebensächlicher Details in teils intuitiver, teils systematischer Entschlüsselungsarbeit auf verborgene Zusammenhänge zu schließen gewohnt waren (»Indizienparadigma«), sei es aus Philatelie und Numismatik, sei es aus Witz und Fehlleistung.[117] Beide waren auf der Suche nach Form und Funktion von affektiven Ausdrucksgesten und geringfügigen Verschiebungen, die einen Bedeutungswandel, mitunter sogar die Verkehrung des Gemeinten ins Gegenteil bedeuten konnten. Zum Begriff der Pathosformel, den Aby Warburg hierfür prägte, schreibt Didi-Huberman, der die Parallelen zwischen beiden besonders betont: »Die Pathosformel ist nicht in die Begriffe einer Semantik – oder gar Semiotik – der körperlichen Gebärden zu übersetzen, sondern in die Begriffe einer *psychischen Symptomatologie*. (...) Die Perspektive war die des Symptoms. Denn der Ausdruck ist nach Warburg nicht der Reflex einer Intention, sondern die *Wiederkehr des Verdrängten im Bild.*

(...) Also ›Ausdruck‹. Aber Symptomausdruck. Welche Art von Symptom? Symptom wovon? Warburg suchte zunächst im Bereich der Medizin (...).«[118] Für die erwähnte 180-Grad-Wende einer Bedeutungsmöglichkeit schöpfte Warburg den Begriff der »energetischen Inversion«,[119] während Freud mit der »Verkehrung ins Gegenteil« als einem der zentralen Abwehrmechanismen beziehungsweise dem »Gegensinn der Urworte« zwei ebenfalls geläufige, eng mit Warburg verwandte Denkfiguren erschaffen sollte.[120]
Man kann sowohl Warburg als auch Freud als Denker einer selbstreflexiven Aufklärung verstehen, die den Idealen der Rationalität nicht mehr ambivalenzfrei gegenüberstehen kann. Wo Freud zwischen Primär- und Sekundärvorgang scheidet, stellt Warburg dem mythisch-magischem Urgrund des Denkens den immer wieder neu zu gewinnenden »Denkraum der Besonnenheit« gegenüber. Über die Ursprünge der hierzu notwendigen Subjekt-Objekt-Spaltung lieferte er im Kontext seines Kreuzlinger Vortrags eine entwicklungspsychologische Spekulation, die Freud wahrscheinlich auch gefallen hätte: »Die Urkategorie kausaler Denkform ist Kindschaft. Diese Kindschaft zeigt das Rätsel des materiell feststellbaren Zusammenhangs verbunden mit der unbegreiflichen Katastrophe der Loslösung des einen Geschöpfs vom anderen. Der abstrakte Denkraum zwischen Subjekt und

Objekt gründet sich auf dem Erlebnis der durchschnittenen Nabelschnur.«[121]

Doch trotz der erkennbaren Analogien soll hier auch auf zwei fundamentale Unterschiede zwischen Freud und Warburg aufmerksam gemacht werden. Denn zentral für Freuds Psychoanalyse ist die Lokalisierung des für die menschliche Psyche bedrohlichen Elementes in ihrem Inneren, genauer: in ihrem Triebhaushalt, dem Freud nach der auch für ihn katastrophalen Erfahrung des Ersten Weltkrieges als Pendant zum Lebenstrieb auch noch den Todestrieb hinzufügte. Warburg hingegen blieb bei einer an Darwin angelehnten konventionellen Betrachtungsweise eines Kampfes ums Dasein gegen äußere Feinde.[122] Dies reflektiert sich im gelegentlich unterschiedlichen Gebrauch irreführend ähnlicher Begriffe: Während bei Sigmund und später bei seiner Tochter Anna Freud (1895–1982) der psychoanalytische »Abwehrmechanismus« als Schutzmechanismus gegen die beschriebene innere Bedrohung aus dem die Triebe beherbergenden Es konzipiert ist, spricht Warburg bloß von »Abwehrmassregeln« gegen äußere Feinde und verfehlt damit aus psychoanalytischer Sicht die Tragik der *conditio humana*. Und schließlich gelang es Freud, seine Theorie – wenn auch nicht ganz widerspruchsfrei – in die beiden auch als erste und zweite Topik benannten Formen der Metapsychologie zu synthetisieren, während Warburg an genau dieser Aufgabe letztendlich scheiterte. Man kann in seinem Leben drei derartige Syntheseversuche identifizieren: die erst kürzlich veröffentlichten, aber grundlegenden »Fragmente« einer monistischen Kunstpsychologie (1888–1895)[123], sodann die Kulturwissenschaftliche Bibliothek mit ihrer stets dynamischen Ordnung und schließlich sein letztes großes Projekt: den wie die »Fragmente« unvollendet gebliebenen gedächtnispsychologischen Bildband »Mnemosyne«, der auf Basis verschiebbarer Bildgestelle ähnlich beweglich und möglichst nah am Erkenntnisgegenstand entstehen sollte.[124] Doch die erhoffte definitive Systematisierung sollte sich Warburg jedes Mal entziehen.

Reife und Produktivität

»Auf Normalität beurlaubt«, »Revenant«, »Warburg redux« – in der Literatur kursiert eine Reihe von durch Aby Warburg selbst geprägten Begriffen, die seine außergewöhnliche Lebenssituation während der ihm nach seiner Rückkehr verbleibenden fünf Lebensjahre beschreiben. Denn der von vielen Aufgegebene sollte die wohl produktivsten Jahre seines Schaffens erleben und eine nie dagewesene Anerkennung erfahren. Dazu trug die Weiterentwicklung der Kulturwissenschaftlichen Bibliothek Warburg (K.B.W.) durch Fritz Saxl in den Jahren von Abys Abwesenheit erheblich bei. Auf Wunsch des Bruders Max Warburg hatte Saxl in der Zwischenzeit das Projekt eines Umbaus der Büchersammlung in eine Problembibliothek erfolgreich vorangetrieben und diese in der akademischen Welt durch Schriftenreihen, Symposien und öffentliche Vorträge höchsten Niveaus zu wachsendem Ansehen geführt. In diesem Vorhaben kam ihm zupass, dass nach der Ausrufung der Republik 1919 auch endlich die Gründung der Hamburger Universität und hier die Einrichtung eines Lehrstuhls für Kunstgeschichte möglich wurden. Mit Erwin Panofsky (1892–1968; ab 1920 Privatdozent, ab 1927 ordentlicher Professor an der Universität Hamburg), der später als Gründer der Ikonologie in ihrer klassischen Form gelten sollte, entwickelte sich eine enge Zusammenarbeit. Mehr gilt dies noch mit dem Kulturphilosophen Ernst Cassirer (1874–1945; ab 1919 Professor für Philosophie in Hamburg), dessen Theorie aus dem Mythos sich entwickelnder symbolischer Formen Warburg viel verdankt.[125] Cassirer hatte Warburg noch im Bellevue kennen und nach eigenem Bekunden außerordentlich schätzen gelernt.[126] Im gemeinsamem Gespräch entwickelte Warburg damals die Idee, dass nicht der Kreis, sondern vielmehr die Ellipse die perfekte geometrische Figur für die schöpferische Kraft des Weltalls sei. Ihre zwei Pole symbolisierten die Polarität des Lebens im Allgemeinen und die polare Struktur des Menschen von Geist und Seele im Besonderen.[127]

Diese Gedanken sollten für Aby Warburg nicht im Abstrakten verharren. Denn das Wachstum der Bibliothek, die 1920 bereits etwa 20 000 Bände und eine ähnliche Menge an Abbildungen und Photographien umfasste, verlangte nach einem erneuten Umzug. Beredt schilderte Fritz Saxl die Wohnsituation der Warburgs: »Vom Boden bis zur Decke standen die Wände voller Bücher, die Speisekammer war Magazin, schwere Regale hingen gefährlich über Türen, das Billardzimmer hatte in einen Büroraum umgewandelt werden müssen, in der Eingangshalle, auf den Treppenabsätzen, im Familienwohnzimmer – überall Bücher, Bücher, Bücher; und jeden Tag kamen neue Bücher ins Haus.«[128] Warburg nahm nach seiner Rückkehr das Heft wieder in die Hand. Noch auf Vaters Rat hatte die Familie vorsorglich auch das Nachbargrundstück von Abys Wohnhaus in der Heilwigstraße erworben, wo er am 1. Mai 1926 feierlich das neue Bibliotheksgebäude einweihen konnte.

Dessen Zentrum, darauf hatte er beharrt, bildete nicht wie üblich ein kreisrunder, sondern ein elliptischer Lese- und Vortragssaal.[129] Diese »Arena der Wissenschaften« konnte mit Leichtigkeit für die Projektion von Lichtbildern – eine sich erst allmählich seit 1900

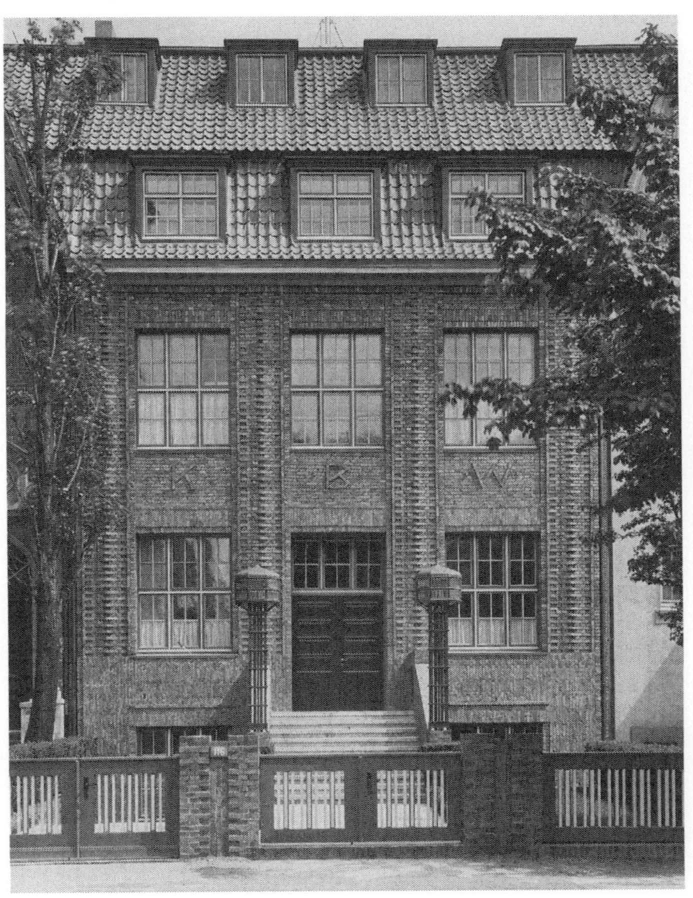

Kulturwissenschaftliche Bibliothek Warburg, Fassade, 1926

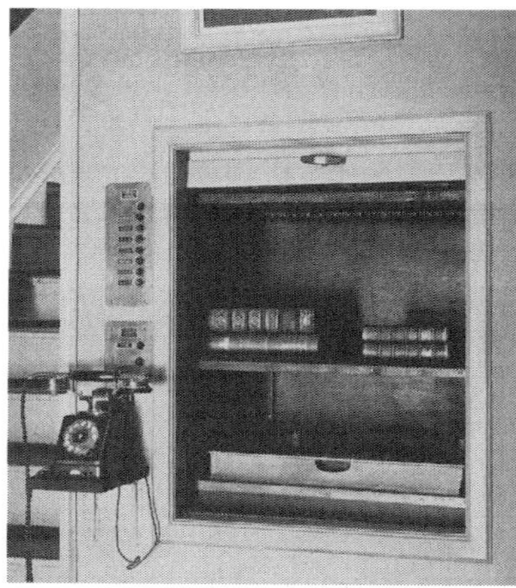

K.B.W., Bücheraufzug, 1926

Aby Warburgs Zettelkasten, heute im Warburg Institute London

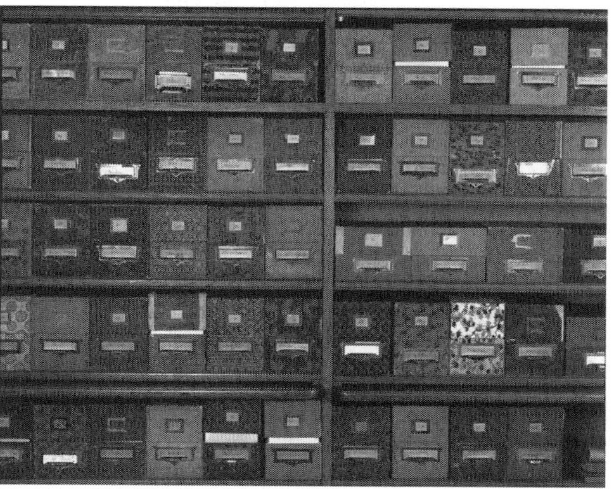

durchsetzende Innovation, arbeitete man doch vorzugsweise mit Drucken und Photographien – verdunkelt und für Vorträge und Diskussionen hergerichtet werden. Überhaupt war die Technik omnipräsent: Mit Personen- und Bücheraufzügen, einer Rohrpost- und einer Förderbandanlage, versenkbaren Leinwänden, 28 Telefonanschlüssen sowie einer photographischen Abteilung war die K.B.W. auf dem modernsten Stand damaliger Technik.

Für die Bibliothek ersann Warburg eine völlig neue Ordnung des Wissens, die auf dem Konzept der guten Nachbarschaft aufgebaut war. Andreas Beyer hat es mit dem englischen Ausdruck der »serendipity« beschrieben, was so viel bedeutet wie eine natürliche und damit auch wandelbare Verwandtschaft, die der starren und abstrakten Ordnung wissenschaftlicher Bibliotheken entgegensteht.[130] Statt alphabetisch nach Autoren, Künstlern oder Disziplinen gereihten Büchern wünschte Warburg sich eine flexible Ordnung nach Problemkreisen und Ideen. Der Grundgedanke ist einfach: Da bestimmte Aspekte verschiedenen Disziplinen gemeinsam sind – für ihn damals etwa Astrologie, Geschichte und Kunstgeschichte – sollten die entsprechenden Bücher auch nebeneinander stehen und so zu einer gegenseitigen Erhellung beitragen. Ordnung durfte für ihn kein starres System sein, sondern ein dynamisches Hilfsmittel der Überlegung, welches der Entwicklung der Gedanken ständig angepasst werden musste. Die Bibliothek war für ihn selber ein Teil der Forschung geworden, und sie gebar immer neue Fragestellungen und Forschungsansätze.

Warburg hatte also endlich die für ihn optimalen Bedingungen beisammen: eine maßgeschneiderte Architektur, die Nähe zur neugegründeten Universität, an der er als Honorarprofessor Lehrveranstaltungen hielt, ohne dass dies die Unabhängigkeit seines Unternehmens gefährdet hätte, und schließlich Kollegen und Mitarbeiter, die ihm teils ebenbürtige Gegenüber, teils rezeptive Schüler waren. So konnte das Konzept der Problembibliothek, die auch Bilder enthielt und deren Struktur sich laufend neuen Fragestellungen anpasste, florieren. Im Zentrum dieser Organisation standen neben Aby Warburg seine engsten Mitarbeiter Fritz Saxl sowie ab 1924 auch Gertrud Bing (1892–1964), mit denen er sich laufend im Austausch befand. Dafür nutzte er nicht nur Briefe und Gespräche, sondern das in dieser Art einmalige Medium eines Bibliotheks-Tagebuchs, gleichzeitig mit dem Umzug ins neue Gebäude ins Leben gerufen. Hierin kommunizierte er mit Saxl und Bing nicht allein über Ankäufe oder administrative Fragen, sondern über nahezu alle Themen des täglichen Lebens und der Wissenschaft. Wie kaum eine andere Quelle legt es Zeugnis ab von dem steten Austausch und der beständigen und fast intimen intellektuellen Reibung mit seinen beiden Mitarbeitern, derer Warburg zur Fortentwicklung seiner Gedanken bedurfte. Nirgendwo zeigt sich deutlicher als hier, wie Warburg seine Bibliothek nicht als starre Ansammlung stillen Wissens, sondern als gesprächige Ordnung und lebendigen Austausch von Büchern und Menschen sah, bestimmt, zu immer wieder neuen Fragestellungen und Erkenntnissen zu führen. Regelmäßig beklagte er sich, dass seine Mitarbeiter nicht genügend kommunizierten, und trieb sie dazu an, noch ausführlicher vom Bibliotheks-Tagebuch als Mittel der Reflexion Gebrauch zu machen: »Ich bedaure, daß Saxl kein richtiges Tagebuch geführt hat: grade, was der Tag an unauffälligem Geschehen bringt, ist eine ›organische Funktion‹ für das schaffende Gedächtnis, ich brauche es absolut notwendig, um Contact zu bekommen.«[131] Diese Suche nach »Contact« kennzeichnet Warburgs Lebensweise als Mensch ebenso wie als Wissenschaftler.

Die letzten Forschungen Warburgs betrafen Fragen des kulturellen Gedächtnisses. Als Grundlage seiner Überlegungen und zur Erläuterung der von ihm gefundenen Zusammenhänge gruppierte er Bilder auf mit schwarzer Leinwand bespannten Tafeln. Er ging dabei – wie er es auch schon bei der Konzeption seiner Bibliothek getan hatte – nach Bedeutungsfeldern vor. Dieses Vorgehen, das sich erst allmählich in den anderen Disziplinen etablieren sollte, war bahnbrechend, so dass die Idee zu seinem letzten großen Projekt daraus entstand: dem oben angesprochenen Mnemosyne-Atlas, der zu Recht als ein »Laboratorium der Bildgeschichte« bezeichnet wurde.[132] Die Fertigstellung dieses umfassenden, fast als universalistisch zu bezeichnenden Projekts gelang ihm trotz intensiver Arbeit vor seinem Tod jedoch nicht mehr.

Auch wenn Aby Warburg in den letzten Lebensjahren persönliche Niederlagen einstecken musste wie beispielsweise die Weigerung seines Sohnes, in seine Fußstapfen zu treten und die Leitung der Bibliothek zu übernehmen, oder das offensichtliche Scheitern seiner Ehe,[133] waren sie wahrscheinlich die glücklichste Zeit seines Lebens.

Er erhielt hohe Anerkennungen und stand im Kontakt mit vielen bedeutsamen Intellektuellen seiner Zeit, korrespondierte mit Thomas Mann und besuchte Einstein in seinem Ferienhaus an der Ostsee.[134] Doch während seine psychische Gesundheit sich überraschend robust zeigte, mehrten sich die Anzeichen nachlassender körperlicher Ressourcen. Immer öfter litt er unter Herzbeschwerden, immer stärker ließ seine Sehkraft nach.

In dieser kurzen Biographie Aby Warburgs konnte nur angedeutet werden, in welchem Maße sein Lebenswerk auf jenem seiner Brüder Max, Paul und Felix

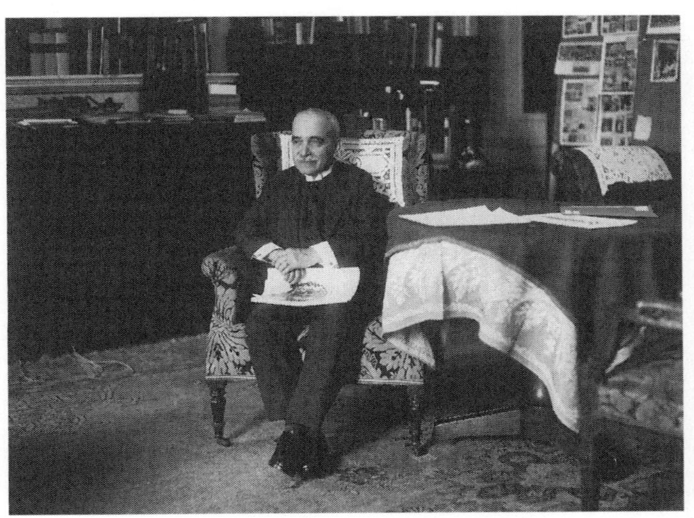

Aby Warburg in Rom, Palace Hotel, 1929

basierte, die als erfolgreiche Bankiers und großzügige Förderer seiner Bibliothek wie natürlich auch als Finanziers seines Privatlebens eine unersetzliche Rolle spielten. Eine Photographie vom August 1928, auf der Aby mit seinen Brüdern Paul, Felix, Max und Fritz in der Bibliothek erscheint, zeigt ihn mit offen vorgestreckten Händen, bereit die Zuwendungen der Familienbank zu empfangen.[135] Ihm muss klar gewesen sein, dass die Risiken der Finanzwelt unmittelbar auf das ihm zur Verfügung stehende Budget durchschlagen könnten. Und es ist anzunehmen, dass er über die in den späten 20er Jahren wachsenden Sorgen von Paul Warburg in den USA im Bilde war. Dieser, ein Mahner, hatte bereits die Inflation von 1920 richtig vorausgesehen.[136] Paul Warburg ging in die Lehrbücher der Wirtschafts- und vor allem der Wirtschaftskrisengeschichte ein, weil er als nahezu einziger im Frühjahr 1929 vor dem herannahenden Platzen der Spekulationsblase warnte, jedoch bitter verhöhnt wurde.[137] Im Herbst eskalierte die Krisendynamik bis zum 24. Oktober 1929, der als »Black Thursday« in den USA, wegen der Zeitverschiebung in Europa jedoch als »Schwarzer Freitag« erinnert wird. Am Samstag, dem 26. Oktober 1929, verstarb Aby Warburg aus seiner Arbeit heraus an einem plötzlichen Herztod – um eine weitere Krise zu durchleben, fehlte ihm die Kraft. Die Folgewoche brachte weitere massive Kursverluste an der New York Stock Exchange, was die Weltwirtschaftskrise mit ihren bekannten fatalen Folgen auslöste.

Dazu gehörten auch der Aufstieg des Nationalsozialismus und die Zerstörung jüdischen Geisteslebens im deutschsprachigen Mitteleuropa. Fritz Saxl rettete schon im Dezember 1933 die Kulturwissenschaftliche Bibliothek Warburg mit zu diesem Zeitpunkt ungefähr 60 000 Bänden und fast genauso vielen Photographien nach London, wo sie bald darauf als »Warburg Institute« in die University of London integriert wurde und noch heute eine der wichtigsten Forschungsinstitutionen zur Renaissance darstellt.[138] Die meisten der anderen Erwähnten waren Juden und mussten emigrieren: Einstein und Panofsky gingen direkt, Cassirer über Umwege in die USA, die Freuds nach England. Deutsche Intellektualität sollte nie wieder eine vergleichbare Schärfe und Originalität erringen.

Anmerkungen

1 Didi-Hubermann, G. (2010), z. B. 51f.

2 Mythische Figur aus dem jüdischen Volksglauben: Totengeist, der in Form einer Besessenheit in den Körper eines Lebenden eintritt und dort Phänomene hervorruft, die heute als Ausdruck psychischer Krankheit interpretiert werden.

3 Didi-Hubermann, G. (2010), 38; vgl. Raulff (1991)

4 Iversen, M. (1993), 33

5 Rösch, P. (2010), 11

6 Gombrich, E.H. (1981, 2006)

7 Didi-Huberman, G. (2010), 104f. – Iversen, M. (1993), 33 – zur unmittelbar nach dem Erscheinen von Gombrichs Biographie durch den Warburg-Schüler Edgar Wind geäußerten Kritik vgl. Biester, B., Schäfer, H.-M. in Heise, C.G. (2005), 108f.

8 Gombrich, E.H. (1981, 2006), 23: »Die vorliegende Untersuchung beabsichtigt keineswegs, die seelischen Konflikte, die Warburgs intellektuelle Entwicklung inspiriert haben, vollständig aufzudecken. Sie will keine Leidensgeschichte (Original: »pathography«) schreiben, deren Ausgangspunkt in jedem

Fall die zahlreichen Tagebücher zu sein hätten, die Warburg während seiner Krankheit geschrieben hat und die ich in meine Arbeit nicht einbezogen habe. Offensichtlich im Zustand der Erregung und Angst geschrieben, sind diese Bleistiftaufzeichnungen schwer zu lesen und für den Leser ohne Kenntnisse in der Psychiatrie nicht aufschlußreich.«

9 Heise, C.G. (2005), 59f.

10 Michels, K. (2007) – Roeck, B. (1997) – Slovin, F.C. (2006); diese inhaltlich unzuverlässige »docufiction« trägt besonders wenig zur Aufhellung bei.

11 Binswanger, L., Warburg, A. (2007) – vgl. Theiss-Abendroth (2010a und b); Melle (2008); Lütkehaus (2007)

12 Tagebucheintrag Warburgs vom 3.4.1929 in Warburg (2001), 429 – vgl. Galitz, R., Reimers, B. (1995)

13 Chernow, R. (1994), 16f.

14 Idem, 18 – Roeck, B. (2010), 282

15 Chernow, R. (1994), 30f.

16 Heinrich Heine, »Buch der Lieder«, 1823, 1827, Vertonung durch Robert Schumann im Liederzyklus »Dichterliebe« 1840:

Ein Jüngling liebt ein Mädchen

Ein Jüngling liebt ein Mädchen,
Die hat einen Andern erwählt;
Der Andre liebt eine Andre ,
Und hat sich mit dieser vermählt.

Das Mädchen heiratet aus Ärger
Den ersten besten Mann,
Der ihr in den Weg gelaufen;
Der Jüngling ist übel dran.

Es ist eine alte Geschichte,
Doch bleibt sie immer neu;
Und wem sie just passieret,
Dem bricht das Herz entzwei.

Offenbar war Saras Ehe mit ihrem Cousin Aby Samuel Warburg (1798–1856) eine Verlegenheitslösung, da der Dynastie ein männlicher Erbe fehlte.

17 Schoell-Glass (1998), wo Ingrid Warburg-Spinelli, eine Tochter des jüngsten Bruders von Aby Warburg Fritz, ihre Großeltern schildert.

18 Chernow, R. (1994), 399f. – Roeck, B. (2010), 300

19 Otto Warburg erhielt 1931 den Nobelpreis für Medizin; möglicherweise aufgrund eigener karzinophober Beschwerden ermöglichte Hitler dem onkologischen Grundlagenforscher die Fortsetzung seiner Arbeit nach 1933 am Berliner Kaiser-Wilhelm-Institut für Zellphysiologie. Den zweiten, 1944 zugesprochenen Nobelpreis durfte der von den Nationalsozialisten als »Halbjude« eingestufte Warburg nicht mehr entgegennehmen.

20 Warburg in Binswanger, L., Warburg, A. (2007), 103 – vgl. Roeck, B. (1997), 19

21 Michels (2007), 23

22 Warburg in Binswanger, L., Warburg, A. (2007), 101; vgl. Theiss-Abendroth (2010b)

23 Balzac 1989; Bertall ist das Pseudonym für Charles Albert Arnaux.

24 Es ist schwer nachvollziehbar, wieso frühere Biographen diesen Aspekt völlig ausklammern: Gombrich, E.H. (1981, 2006), 35f.; Roeck, B. (1997), 11f.; vgl. Didi-Huberman (2010), 468f.; Theiss-Abendroth (2010b)

25 Warburg, A. (2010), 576; vgl. Gombrich, E.H. (1981, 2006), 37

26 Diesen Zusammenhang bringt die Titelzeile einer Rezension in der Frankfurter Allgemeinen Sonntagszeitung perfekt auf den Punkt: »Gegen Irrsinn hilft der Wilde Westen«, Meller, M. (2008)

27 Warburg, A. (2010), 569; auch die Erwähnung des plötzlichen Todes eines Mitschülers an Scharlach verweist auf Warburgs Todesängste angesichts unberechenbarer Infektionen. Warburg in Binswanger, L., Warburg, A. (2007), 102

28 Gombrich, E.H. (1981, 2006), 37f.; Chernow berichtet, ihre Enkel hätten Charlotte Warburg als »nüchterne, humorlose« Frau in Erinnerung behalten, und spekuliert, sie habe eine Wesensänderung erfahren, die durch die Typhuserkrankung, eine nachfolgende Zwillingsgeburt und eine Verschlechterung der ehelichen Beziehungen zu erklären sei; s. Chernow (1994), 48f.

29 Warburg in Binswanger, L., Warburg, A. (2007), 103

30 Aus heutiger Sicht erlauben diese Informationen mit einiger Zuverlässigkeit die Diagnose einer schweren depressiven Episode am Rande hypochondrischer Wahnbildung.

31 Warburg in Binswanger, L., Warburg, A. (2007), S. 104f.; Gombrich, E.H. (1981, 2006), 38

32 Michels (2007), 25

33 Gombrich, E.H. (1981, 2006), 38; Chernow (1994), 48f.; Rösch (2010), 15; Roeck (2010), 290; vgl. Warnke (2007), der sich dagegen verwehrt, diese Schilderung als Legende abzutun. – Im Unterschied zur alttestamentarischen Figur des Esau sollte Aby Warburg jedoch Stammvater einer langen Abstammungsreihe werden: Seine Neugier auf die Bilder- und Geisteswelt der heidnisch-christlichen Tradition und die damit einhergehende intellektuelle Entfremdung vom Judentum setzten schon früh ein.

34 Roeck (1997), 21

35 Vor allem Roeck 1997, der unveröffentlichte Korrespondenz und Vorlesungsmitschriften zitiert, trägt zur Erhellung des Bildes bei.
36 Schoell-Glass (1998), 54f.; Warburg (1998), 253f.
37 Vgl. Roeck (1997), 49f.; Rösch (2010), 15f.; Gombrich (1981, 2006) 48f.; Michels (2007), 30f.
38 Rösch (2010), 139
39 Gombrich (1995), 61; vgl. Gombrich E.H. (1981, 2006), 47f., 95f.; Rösch (2010), 28f.
40 Reichmayr (2013), 29
41 Homepage des Kunsthistorischen Instituts der Universität Bonn: https://www.khi.uni-bonn.de/Institut/geschichte-des-instituts, Aufruf 18.4.2017
42 Nach Roeck (1997), 58
43 Biester, Wuttke (2007), XIV f.
44 Idem, 62f.; Gombrich E.H. (1981, 2006), 65f.; Michels (2007), 37f.; Rösch (2010), 41f.; Günther (1995)
45 Roeck (1997), 82; Gombrich (1981, 2006), 93, 112; Chernow (1994), 93, spricht vier Jahre später von einem Medizinstudium und der Absicht, den Arztberuf zu ergreifen. Für diese Annahme spricht Warburgs Selbstauskunft aus der Zeit seiner Behandlung, wo er die Motive seiner Amerikareise untersucht. Er habe von der »ästhetisierenden Kunstgeschichte einen aufrichtigen Ekel bekommen« und im Sommer 1896, also erst nach der Amerikareise, auf die Medizin umzusatteln versucht: (Warburg 1923, 2010), 569; vgl. Didi-Huberman (2010), 312.
46 Roeck (1997), 81–91, hier: 87
47 Ibid.; zugleich Chernow (1994), 158
48 Chernow (1994), 110f.
49 Warburg (2010), 568
50 Gombrich (1981, 2006), 121
51 Warburg (2010), 508–522

52 Chernow (1994), 99

53 Michels (2007), 53; hier auch der Verweis auf Aby Warburgs treffende Bezeichnung seiner Kinder als »zebräisch«. Faktisch blieben sie ungetauft, doch wurden sie überwiegend im protestantischen Glauben erzogen, was sie in der Schule nicht vor Diskriminierung bewahrte; vgl. Chernow (1994), 157

54 Gombrich (1981, 2006), 129f.

55 Michels (2007), 56f; Gombrich (1981, 2006), 129f., insbesondere 162f.; Rösch (2010), 66f.

56 Roeck (1997), 93

57 Nach Chernow (1994), 157

58 a.a.O.

59 Embden (1921, 2007), 261; Kursivierung im Original

60 Embdem (1921, 2007), 262

61 Chernow (1994), 109–114; Stimilli (2007), 10f.

62 Chernow (1994), 162f.; Michels (2007), 63f.; Roeck (1997), 95f.

63 Zitiert nach Michels (2007), 73

64 Heise (2005), 28

65 Saxl (1981, 2006), 437

66 Warburg (1922, 1980), 191; Michels (2007), 77

67 Warburg (1927, 2010), 683

68 Warburg (1923, 2010), 573: »(…) ich mich als Seismograph empfinde, der aus Holzstücken zusammengesetzt ist, die einem Gewächs entstammen, das aus dem Orient in die nahrhafte norddeutsche Tiefebene verpflanzt wurde und einen aus Italien inokulierten Ast trug, lasse ich die Zeichen, die ich empfange, aus mir heraustreten (…)«.

69 Schoell-Glass (1998), 56; Chernow (1994), 89

70 Warburg (1998), 252

71 Chernow (1994), 164

72 Chernow (1994), 167

73 Warburg (1922, 2007), 102

74 Dickens (1837/38, 1979); vgl. Howe (1990), 371 f., wo dieser die These aufstellt, Dickens porträtiere den Hehler Fagin nicht aus einem persönlichen Antisemitismus heraus als typischen jüdischen Bösewicht. Vielmehr bediene Dickens sich aus der allgegenwärtigen »kollektiven Folklore« der westlichen Kultur, um seiner Darstellung Plausibilität und narratives Gewicht zu verleihen.

75 Wildermuth (1926)

76 Warburg (2007), 105; Embden (1921, 2007), 260

77 Schoell-Glass (1998), z.B. 272: dort abgedruckt der an Max Warburg gerichtete Brief von Börries von Münchhausen, 28.5.1917: »Der Antisemitismus ist ein rassisches, kein religiöses Gefühl (...)«.

78 Schoell-Glass (1998), 17

79 Schoell-Glass (1998), 132f.

80 Kultermann (1990), 204

81 Michels (2007), 85; vgl. Chernow (1994), 228

82 Chernow (1994), 228; Gombrich (1981, 2006), 281

83 Königseder (1995), 79; Heise (2005), 57; an dessen Behauptung, Aby Warburg habe »niemals konjunkturell propagandistisch, immer mit sachlicher Strenge« gehandelt, muss jedoch gezweifelt werden.

84 Zweig (1942), 17; s. auf S. 28f. zur transgenerationalen Entwicklung jüdischer Familien: »(...) und gerade die mächtigsten Dynastien finden ihre Söhne unwillig, die Banken, die Fabriken, die ausgebauten und warmen Geschäfte ihrer Väter zu übernehmen. Es ist kein Zufall, daß ein Lord Rothschild Ornithologe, ein Warburg Kunsthistoriker, ein Cassirer Philosoph, ein Sassoon Dichter wurde; sie alle gehorchten dem gleichen, unbewußten Trieb, sich von dem frei zu machen, was das

Judentum eng gemacht, vom bloßen kalten Geldverdienen, und vielleicht drückt sich darin sogar die geheime Sehnsucht aus, durch Flucht ins Geistige sich aus dem bloß Jüdischen ins allgemein Menschliche aufzulösen.«

85 Segesser (2010), 206; Chernow (1994), 255

86 Schoell-Glass (1998), 21

87 Heise (2005), 60

88 Stimilli (2007), 10; Linau (1918, 2007), 213f.; Theiss-Abendroth (2010a), 27; Königseder (1995), 81

89 Chernow (1994), 262f.; Königseder (1995), 81

90 Schott, Tölle (2006), 219

91 Berger (1921, 2007), 259

92 Stimilli (2007), 13; Theiss-Abendroth (2010a), 29

93 Schott, Tölle (2006), 263

94 Binswanger (2007), 40

95 Binswanger (2007), 53, 71, 73; Hecht, Kräuter (1921–22, 2007), 274

96 Binswanger (2007), 51

97 Chernow (1994), 326f.

98 Kraepelin (1899)

99 Dieser Terminus wurde damals synonym verwendet mit dem heute üblichen der schizophrenen Psychosen, bei dessen Begründer Eugen Bleuler sowie dessen Oberarzt Carl Gustav Jung im Züricher Universitätsklinikum Burghölzli Ludwig Binswanger wiederum einen Teil seiner Assistenzarztzeit verbracht hatte.

100 Der heutige Terminus lautet bipolare Störung.

101 Königseder (1995), 89f.; Binswanger (2007), 75f., 197; Stimilli (2007); 7f.

102 Endnote: Rief, W., Glombiewski, J.A. (2017)

103 Vgl. Gombrich (1981, 2006), 295f.; Slovin (2006), 7f.; Janshen

(1993); Didi-Huberman (2010), 400f., die sich alle auf den unzuverlässigen alten Text beziehen.

104 Warburg (1988); Raulff (1988); vgl. Treml, M, Waigl, S., Ladwig, P. (2010), 501f.; die erste Ausgabe war bekanntlich die englische Version »A Lecture on Serpent Ritual« von 1939.

105 Warburg (2010)

106 Vgl. Rösch (2010), 88f.

107 Warburg (2010), 561

108 Chernow (1994), 330f.

109 Gombrich (1981, 2006), 27, 244, 380; vgl. Roeck (1997), 102

110 Freud (1992), 175; Freuds Angewohnheit, von Patienten und ihren Herkunftsorten in einer einfachen Kodierung zu sprechen, ist wohlbekannt. Dabei verrückte er jeweils den Anfangsbuchstaben um eine Stelle im Alphabet nach vorne. Bekanntestes Beispiel ist die von Breuer behandelte Bertha von Pappenheim, die als Anna O. eine der berühmtesten Fallgeschichten der frühen Psychoanalyse ist. Nach seinem klinischen Fehlschlag hatte Breuer sie 1882 ebenfalls ins damals noch von Ludwigs Vater Robert Binswanger geleitete Bellevue eingewiesen.

111 Stimilli (2007), 7; Chernow (1994), 328; Königseder (1995), 85f.; Pichler, Rappel, Swoboda (2006), 161; Michels (2007), 87

112 Appignanesi, Forrester (2000), 66, 174

113 Chernow (1994), 328

114 Warburg (1923, 2010), 583

115 Freud (1999); Reichmayr (2013), 26f.

116 Warburg (1923, 2010), 589

117 Pichler, Rappel, Swoboda (2006), 162; Weigl (2004), 17, 22, 31

118 Didi-Huberman (2010), 310–311 (Kursivierung im Original); vgl. Michels (2007), 79: »Warburg hat das Kunstwerk (…)

neu definiert: Es ist nicht mehr vorrangig ein ästhetisches Objekt, sondern ein psychohistorisches Symptom – ein symbolischer Wert, in dem sich Grundprinzipien menschlicher Existenz verdichten.«

119 Endnote: s. Didi-Huberman (2010), 270f., Rösch, P. (2010), 130.

120 Freud (1910, 1999)

121 Zit. nach Gombrich (1981, 2006), 298; vgl. Iversen (1993), 37

122 Z. B. Warburg (2010), 578f.

123 Warburg (2015)

124 Warburg (2000)

125 In diesem Satz sind Subjekt und Objekt absichtlich austauschbar.

126 Didi-Huberman (2010), 435; vgl. Bredekamp, Wedepohl (2015)

127 Michels (2007), 92

128 Saxl (1981, 2006), 442

129 Michels (2007), 99; Naber (1995), 109; zum Bezug auf die Energie elektrischer Pole vgl. Hensel (2011), 98–101

130 Beyer (2016)

131 Warburg (2001), X (Einleitung)

132 Van Huisstede (1995); Warburg (2010), 615f.; vgl. Gombrich (1981, 2006), 375; Michels (2007), 107f.; Didi-Huberman (2010), 499f.

133 Chernow (1994), 350, 353

134 Chernow (1994), 353; Michels (2007), 107

135 Michels (2007), 16, Abb. 5

136 Chernow (1994), 284

137 Chernow (1994), 384f.; Galbraith (1975), 96f.; Kindleberger (2002), 7, 93

138 Saxl (1981, 2006), 449; Mann (1995), 210f.

Literatur

Appignanesi, L., Forrester, J. (2000): Die Frauen Sigmund Freuds. München: Econ.

Balzac, H. (1989): Kleine Leiden des Ehestandes. Berlin: Der Morgen.

Berger, H. (1921, 2007): Hans Berger an Ludwig Binswanger. In: Binswanger, L., Warburg, A. (2007): Die unendliche Heilung. Aby Warburgs Krankengeschichte. Herausgegeben von Ch. Marazia und D. Stimilli. Zürich: diaphanes, 258–259.

Beyer, A. (2016), Serendipity and «Gute Nachbarschaft«. Unveröffentlichtes Vortragsmanuskript, gehalten anlässlich der Tagung: Aby Warburg 150. Work. Legacy. Promise. Warburg Institute, London, 13.–15. Juni 2016.

Biester, B., Wuttke, D. (2007): Aby M. Warburg-Bibliographie 1996–2005, mit Annotationen und mit Nachträgen zur Bibliographie 1866–1995. Baden-Baden: Körner.

Binswanger, L., Warburg, A. (2007): Die unendliche Heilung. Aby Warburgs Krankengeschichte. Herausgegeben von Ch. Marazia und D. Stimilli. Zürich: diaphanes.

Bredekamp, H., Wedepohl, C. (2015): Warburg, Cassirer und Einstein im Gespräch. Kepler als Schlüssel der Moderne. Berlin: Wagenbach.

Chernow, R. (1994): Die Warburgs. Odyssee einer Familie, Berlin: Siedler.

Dickens, C. (1837/38, 1979): Oliver Twist. München: dtv.

Didi-Huberman, G. (2010): Das Nachleben der Bilder. Kunstgeschichte und Phantomzeit nach Aby Warburg, Berlin: Suhrkamp.

Embden, H. (1921, 2007): Anamnese Warburg. In: Binswanger, L., Warburg, A. (2007): Die unendliche Heilung. Aby Warburgs

Krankengeschichte. Herausgegeben von Ch. Marazia und D. Stimilli. Zürich: diaphanes, 260–262.

Freud, S. (1910, 1999): Über den Gegensinn der Urworte. GW VIII. Frankfurt a. M.: Fischer.

Freud, S. (1912/13, 1999): Totem und Tabu. Einige Übereinstimmungen im Seelenleben der Wilden und der Neurotiker. GW IX. Frankfurt a. M.: Fischer.

Freud, S., Binswanger, L. (1992): Briefwechsel 1908–1938. Frankfurt a. M.: Fischer

Galbraith, J.K. (1975): The Great Crash. 1929. London: Penguin.

Galitz, R., Reimers, B. (1995): Aby M. Warburg. »Ekstatische Nymphe … trauernder Flußgott. Schriftenreihe der Hamburgischen Kulturstiftung 2, Hamburg: Dölling und Galitz.

Gombrich, E.H. (1981, 2006): Aby Warburg. Eine intellektuelle Biographie. Hamburg: Philo & Philo Fine Arts.

Gombrich, E.H. (1995): Aby Warburg und der Evolutionismus des 19. Jahrhunderts. In: Galitz, R., Reimers, B.: Aby M. Warburg. »Ekstatische Nymphe … trauernder Flußgott. Schriftenreihe der Hamburgischen Kulturstiftung 2, Hamburg: Dölling und Galitz, 52–73.

Günther, H. (1995): »d anima Fiorentino.« In: Galitz, R., Reimers, B: »Ekstatische Nymphe … trauernder Flußgott. Schriftenreihe der Hamburgischen Kulturstiftung 2, Hamburg: Dölling und Galitz, 32–51.

Hecht, F. Kräuter, L. (1921–1922, 2007): Wärterhefte (Auszüge) In: Binswanger, L., Warburg, A. (2007): Die unendliche Heilung. Aby Warburgs Krankengeschichte. Herausgegeben von Ch. Marazia und D. Stimilli. Zürich: diaphanes, 273–278.

Van Huisstede, P. (1995): Der Mnemosyne-Atlas. Ein Laboratorium der Bildgeschichte. In: Galitz, R., Reimers, B: »Ekstatische Nymphe … trauernder Flußgott. Schriftenreihe der Hamburgischen Kulturstiftung 2, Hamburg: Dölling und Galitz, 130–171.

Heise, C.G. (2005): Persönliche Erinnerungen an Aby Warburg. Herausgegeben und kommentiert von B. Biester und H.-M. Schäfer. Gratia. Bamberger Schriften zur Renaissanceforschung, 43. Wiesbaden: Harrassowitz.

Hensel, T. (2011): Wie aus der Kunstgeschichte eine Bildwissenschaft wurde. Aby Warburg Graphien. Berlin: Akademie.

Howe, I. (1990): Oliver and Fagin. In: Ders., Selected Writings 1950–1990. San Diego: Hartcourt Brace Jovanovich, 365–373.

Iversen, M. (1993): Warburg – neu gelesen. In: Baumgart, S., Birkle, G., Fend, M., Götz, B., Klier, A. Uppenkamp, B. (Hg.): Denkräume zwischen Kunst und Wissenschaft. Berlin: Dietrich Reimer, 32–45.

Janshen, F. (1993): Spurenlesen. Um Aby Warburgs »Schlangenritual«. In: Baumgart, S., Birkle, G., Fend, M., Götz, B., Klier, A. Uppenkamp, B. (Hg.): Denkräume zwischen Kunst und Wissenschaft. Berlin: Dietrich Reimer, 86–112.

Kindleberger, C.P. (2002): Manias, Panics and Crashes. A History of Financial Crises. Houndmills: Palgrave.

Königseder, K. (1995): Aby Warburg im »Bellevue«. In: Galitz, R., Reimers, B.: Aby M. Warburg. »Ekstatische Nymphe … trauernder Flußgott. Schriftenreihe der Hamburgischen Kulturstiftung 2, Hamburg: Dölling und Galitz, 74–98.

Kraepelin, E. (1899): Psychiatrie. Ein Lehrbuch für Studirende und Aerzte. 2 Bde. 6. Aufl. (Nachdruck; mit einer neuen Einführung von Paul Hoff) Nijmegen: Arts & Boeve.

Kultermann, U. (1990): Geschichte der Kunstgeschichte. Der Weg einer Wissenschaft. München: Prestel.

Linau, A. (1918–1919, 2007): Krankengeschichte Hamburg 2. November 1918–17. Juli 1919. In: Binswanger, L., Warburg, A. (2007): Die unendliche Heilung. Aby Warburgs Krankengeschichte. Herausgegeben von Ch. Marazia und D. Stimilli. Zürich: diaphanes, 213–220.

Lütkehaus, L. (2007): Auf Urlaub in die Normalität. Die atemberaubende Krankengeschichte des Kulturwissenschaftlers Aby Warburg in Dokumenten. Neue Zürcher Zeitung, 19.12.2007.

Mann, N. (1995): Kulturwissenschaft in London: englisches Fortleben einer europäischen Tradition. In: Galitz, R., Reimers, B.: Aby M. Warburg. »Ekstatische Nymphe … trauernder Flußgott. Schriften-reihe der Hamburgischen Kulturstiftung 2, Hamburg: Dölling und Galitz, 210–227.

Meller, M. (2008): Gegen Irrsinn hilft der Wilde Westen. Wie der Kunsthistoriker Aby Warburg sich selbst heilte: Endlich gibt es die Krankengeschichte. Frankfurter Allgemeine Sonntagszeitung, 6.1.2008.

Michels, K. (2007): Aby Warburg. Im Bannkreis der Ideen. München: C. H. Beck.

Naber, C. (1995): »Heuernte bei Gewitter«: Aby Warburg 1924–1929. In: Galitz, R., Reimers, B.: Aby M. Warburg. »Ekstatische Nymphe … trauernder Flußgott. Schriftenreihe der Hamburgischen Kulturstiftung 2, Hamburg: Dölling und Galitz, 104–129.

Pichler, W., Rappl, W., Swoboda, G. (2006): Metamorphosen des Flussgottes und der Nymphe: Aby Warburgs Denk-Haltungen und die Psychoanalyse. In: Marinelli, L. (Hg.): Die Couch. Vom Denken im Liegen, München: Prestel, 161–186.

Raulff, U. (1988): Nachwort. In: Warburg, A.: Schlangenritual. Ein Reisebericht. Berlin: Wagenbach, 61–94.

Raulff, U. (1991): Aby Warburg, unerhört. Merkur 45 (5), 448–454.

Reichmayr, J. (2013): Ethnopsychoanalyse. Geschichte, Konzepte, Anwendungen. Gießen: Psychosozial.

Rief, W., Glombiewski, J.A. (2017): The role of expectations in mental disorders and their treatment. World Psychiatry 16 (2), 210-211.

Roeck, B. (1997): Der junge Aby Warburg. München: C. H. Beck.

Roeck, B. (2010): Die Warburgs. In: Reinhardt, V. (Hg.): Deutsche Familien. Historische Portraits von Bismarck bis Weizsäcker. München: dtv, 275–306.

Rösch, P. (2010): Aby Warburg. Paderborn: Wilhelm Fink.

Saxl, F. (1981, 2006): Die Geschichte der Bibliothek Warburgs (1886–1944). In: Gombrich, E.H.: Aby Warburg. Eine intellektuelle Biographie. Hamburg: Philo & Philo Fine Arts, 433–449.

Schoell-Glass, C. (1998): Aby Warburg und der Antisemitismus. Kulturwissenschaft als Geistespolitik. Frankfurt a. M.: Fischer.

Schott, H., Tölle, R. (2006): Geschichte der Psychiatrie. Krankheitslehre Irrwege Behandlungsformen. München: C. H. Beck.

Segesser, D.M. (2010): Der Erste Weltkrieg in globaler Perspektive. Wiesbaden: marix.

Slovin, F.C. (2006): Obsessed by Art. Aby Warburg: His Life and His Legacy. LaVergne: Xlibris Corporation.

Stimilli, D. (2007): Tinctura Warburgii. In: Binswanger, L., Warburg, A. (2007): Die unendliche Heilung. Aby Warburgs Krankengeschichte. Herausgegeben von Ch. Marazia und D. Stimilli. Zürich: diaphanes, 7–25.

Theiss-Abendroth, P. (2010a): Die psychiatrische Behandlung des Aby Warburg: eine historische Kasuistik. Fortschritte der Neurologie und Psychiatrie 78 (1), 27–32.

Theiss-Abendroth, P. (2010b): Anmerkungen zu Aby Warburg. Unveröffentlichtes Vortragsmanuskript, gehalten am 30.10.2010 auf der 16. Jahrestagung der Viktor von Weizsäcker Gesellschaft in Berlin.

Treml, M., Waigl, S., Ladwig, P. (2010): Anthropologie und Kulturgeschichte. Vorbemerkung der Herausgeber. In: Warburg, A. Werke in einem Band. Berlin: Suhrkamp, 495–507.

Warburg, A. (1922): Italienische Kunst und internationale Astrologie im Palazzo Schifanoia in Ferrara. Atti del X congresso internazionale di storia dell'arte in Roma (1912). L'Italia e l'arte straniera, Rom, S. 179–193, ND: Warburg, A. (1980), Ausgewählte Schriften und Würdigungen, Herausgegeben von D. Wuttke. Baden-Baden: Valentin Koerner, 173–191.

Warburg, A. (1988): Schlangenritual. Ein Reisebericht. Mit einem Nachwort von Ulrich Raulff. Berlin: Wagenbach.

Warburg, A (1998): Zwei Briefe an die Mutter, 1887 aus Bonn und 1889 aus Straßburg. In: Schoell-Glass, C.: Aby Warburg und der Antisemitismus. Kulturwissenschaft als Geistespolitik. Frankfurt a. M.: Fischer Taschenbuch, 253–255.

Warburg, A. (2000): Der Bilderatlas MNEMOSYNE, Herausgegeben von M. Warnke. Gesammelte Schriften II, 1. Berlin: Akademie Verlag.

Warburg, A. (2001): Tagebuch der Kulturwissenschaftlichen Bibliothek Warburg. Herausgegeben von K. Michels und Ch. Schoell-Glass. Gesammelte Schriften VII, 7. Berlin: Akademie.

Warburg, A. (2010): Werke in einem Band. Berlin: Suhrkamp.

Warburg, A. (2015): Fragmente zur Ausdruckskunde. Herausgegeben von U. Pfisterer und Ch. Hönes. Gesammelte Schriften IV. Berlin: De Gruyter.

Warnke, M. (2007): »Ich bin wissenschaftlicher Privatbankier, dessen Credit so gut ist wie der der Reichsbank.« Aby Warburg und die Warburg Bank. In: Michels, K. (2007): Aby Warburg. Im Bannkreis der Ideen. München: C. H. Beck.

Weigl, S. (2004): Literatur als Voraussetzung der Kulturgeschichte. Schauplätze von Shakespeare bis Benjamin. München: Wilhelm Fink.

Wildermuth, O. (1871, 1926): Eine seltsame Schule. Der Peterli von Emmental. Zwei Erzählungen für die Jugend. Reutlingen: Enßlin & Laiblins.

Zweig, S. (1942): Die Welt von Gestern. Erinnerungen eines Europäers. Stockholm: Bermann-Fischer.

Abbildungsnachweis

Alle Abbildungen mit freundlicher Genehmigung von The Warburg Institute Archive, London.

Dank

Zuallererst gilt unser Dank natürlich unseren Frauen Marlies Abendroth und Julia Schewski-Bock – sie wissen selbst am besten, wofür. Dann hat eine Reihe von Personen dieses Projekt inhaltlich unterstützt. Von ihnen seien besonders genannt: Christiane Hergert, Leiterin der Szloma Albam Library am Touro College Berlin, sowie jener unbekannte Zuhörer eines Vortrages über Aby Warburg, gehalten von einem der Autoren im Oktober 2010, der auf Abys auffälligen Umgang mit Oliver Twist (siehe Kapitel »Jüdische Identität und Antisemitismus«) hinwies. Und schließlich gebührt unserer Verlegerin Nora Pester unser Dank für ihre Geduld gegenüber ihren vielbeschäftigten Autoren.

Über die Autoren

Peter Theiss-Abendroth

ist als Psychiater, Psychotherapeut und Psychoanalytiker (DGPT, DPG) in eigener Praxis niedergelassen. Er unterrichtet als Professor für Psychologie am Touro College Berlin und als Dozent, Supervisor und Lehrtherapeut am Berliner Institut für Psychotherapie und Psychoanalyse BIPP, an der Psychologischen Hochschule Berlin PHB sowie der Berliner Akademie für Psychotherapie BAP. In einer Reihe von Veröffentlichungen setzt er sich mit dem Thema der Traumatisierung in wissenschafts- und kulturhistorischer Perspektive auseinander. Weitere Arbeitsschwerpunkte sind die interkulturelle Psychotherapie sowie die Psychologie der Scholastik. Bei Hentrich & Hentrich ist von ihm erschienen: *Ernst Federn. Anmerkungen zu einem Überlebenden*, Jüdische Miniaturen Bd. 153, ISBN 978-3-95565-074-2.

Nicolas Bock

lehrt Kunstgeschichte des Mittelalters und der Neuzeit an der Universität Lausanne. Nach dem Studium in Heidelberg und Florenz forschte er an der Bibliotheca Hertziana (Max-Planck-Institut) in Rom und dem National Humanities Center in North Carolina (USA). Er unterrichtete außerdem an den Universitäten von Frankfurt/Main und Brno. Seine Forschungen betreffen die Kunst Italiens und Frankreichs, Bild-Text-Beziehungen und Probleme der Kunstsoziologie.